U0612588

中華古籍保護計劃

ZHONG HUA GU JI BAO HU JI HUA CHENG GUO

·成果·

祁忠敏公文稿九種

（明）祁彪佳　撰

國家圖書館出版社

圖書在版編目(CIP)數據

祁忠敏公文稿九種/(明)祁彪佳撰.—北京：國家圖書館出版社,2023.11
ISBN 978-7-5013-7788-6

Ⅰ.①祁… Ⅱ.①祁… Ⅲ.①雜著-中國-明代 Ⅳ.①Z429.48

中國國家版本館 CIP 數據核字(2023)第 019599 號

書　　名　祁忠敏公文稿九種
著　　者　(明)祁彪佳　撰
責任編輯　張慧霞
助理編輯　宋紅垚
封面設計　翁　涌

出版發行　國家圖書館出版社(北京市西城區文津街 7 號　100034)
(原書目文獻出版社　北京圖書館出版社)
010-66114536　63802249　nlcpress@nlc.cn(郵購)
網　　址　http://www.nlcpress.com
印　　裝　河北三河弘翰印務有限公司
版次印次　2023 年 11 月第 1 版　2023 年 11 月第 1 次印刷

開　　本　787×1092　1/16
印　　張　37.75
書　　號　ISBN 978-7-5013-7788-6
定　　價　480.00 圓

版權所有　侵權必究
本書如有印裝質量問題,請與讀者服務部(010-66126156)聯繫調換。

出版説明

祁彪佳（1602—1645），字弘吉、虎子、幼文，號世培，山陰（今浙江紹興）人。明天啓二年（1622）進士，次年授福建興化府推官。明崇禎元年（1628）丁憂，服滿，考授福建道監察御史。五年奉旨巡視京城。六年實授御史，奉旨巡按蘇、松諸府。八年以病告歸。十五年召掌計典，於十二月初抵京覲見，旋莅任。十六年七月刷卷南畿，乞休不允，八月出都，十月便道還家。十七年聞甲申變，謁福王於南京，擁福王監國，遷大理寺丞，旋擢右僉都御史，巡撫蘇、松，年末稱疾去官。清順治二年（1645），家居，至閏六月初六日，端坐水池中而死。唐王謚忠敏。

《祁忠敏公文稿九種》收録祁彪佳著作之五種稿本、四種抄本。浙江師範大學陳開勇教授曾對五種稿本做過詳細考訂，現轉引如下：

《忠敏公在籍公疏原稿（附殘稿）》一册。外封簽題『忠敏公在籍公疏原稿』，其旁小字注『附殘稿』，其下小字注『崇禎十六年癸未十二月爲許逆危浙請敇按臣監軍會剿事』。内有疏兩通。

《忠敏公按吴請留州守疏原稿（殘）》一册。外封簽題『忠敏公按吴請留州守疏原稿』，旁注『殘』，其下小字注『崇禎七年甲戌』；外封背有祁子明民國二十五年（1936）題識。内有疏一通。

《忠敏公書贈文載公居官要類（附引殘稿）》一册。外封簽題『忠敏公書贈文載公居官要類附引殘稿』。正文前首爲《小引》。正文爲《令譜管窺》：首爲《令譜管窺一·居官四要》，次爲《令譜管窺一·簽押之類》。

《忠敏公公私雜件原稿》一册。外封簽題『忠敏公公私雜件原稿』。内收若干貼黄疏稿、揭帖、旌善罰惡稿等，内容較雜。末爲書衣背上之題簽『忠敏公尺牘原稿』，其下雙行小字注『崇禎十七年甲申。第十二册』。

《忠敏公撰翁賢書思貽先生贊原稿（殘）》一册。外封簽題『忠敏公撰翁賢書思貽先生贊原稿』，其下小字注『殘』。外封背有祁子明民國二十五年題識。正文内容乃祁彪佳與翁思貽書，尾署時間爲『癸未季秋』，即崇禎十六年。

四種抄本版心均注有『遠山堂抄本』，具體情況如下：

《忠敏公西臺疏草抄》一册。外封簽題『忠敏公西臺疏草抄』，其下雙行小字注『全本。崇禎五年四月廿七日起，六年三月初三日止』。内有貼簽注『按：此疏抄與刊本《宜焚小疏》五卷内之《西臺疏草》上下兩本相同，但抄本多第一疏貼黄一則。又，「聖主方深宵旰之思」及「請申飭臺綱出巡要務」二疏，爲刊本所無。民國廿八年歲次己卯二月望日十世裔孫允謹志。』内有活簽，朱墨文字記有目録。内有疏十二通。

《忠敏公巡城疏抄（附告示未上疏）》一册。外封簽題『忠敏公巡城疏抄』，旁注『附告示未上疏』，其下雙行小字注『全本。崇禎五年五月起，十月止』。内有疏二十通，附告示未上疏八通。

《忠敏公未上疏揭稿抄》一册。外封簽題『忠敏公未上疏揭稿抄』，其下雙行小字注『一本（單）』。崇禎七年甲戌』。内有疏兩通。

《忠敏公召對恭紀呈院陳議合抄》一册。外封簽題『忠敏公召對恭紀呈院陳議合抄』，其下雙行小字注『全本。崇禎十五年十二月起，十六年八月止』。内有召對恭紀兩則，呈院陳議七十三件。

本書爲祁氏多種公疏、奏議、私人信件的文稿合集，除具有較高的版本價值外，對瞭解祁彪佳其人與其政治主張、思想脉絡、人際交往等亦有重要的史學價值。

國家圖書館出版社

二〇二三年十一月

目録

（明）祁彪佳 撰

忠敏公在籍公疏原稿

（附殘稿）

稿本

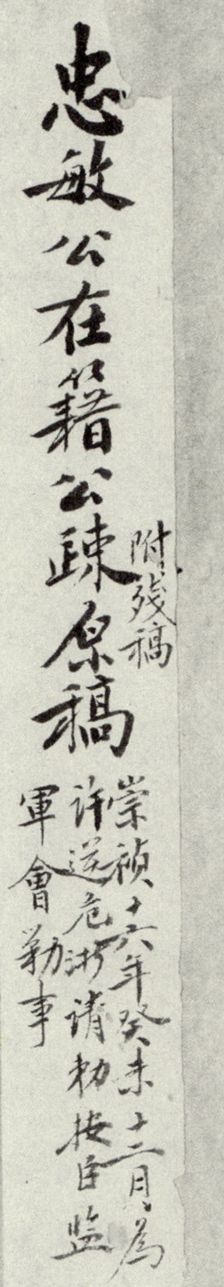
忠敏公在籍公疏原稿
附殘稿
崇禎十六年癸未十二月爲
詳述危形請敕按臣監
軍會勦事

疏稿

為臣鄉田（臣）題定起全浙（相）

（治）請

聖明至

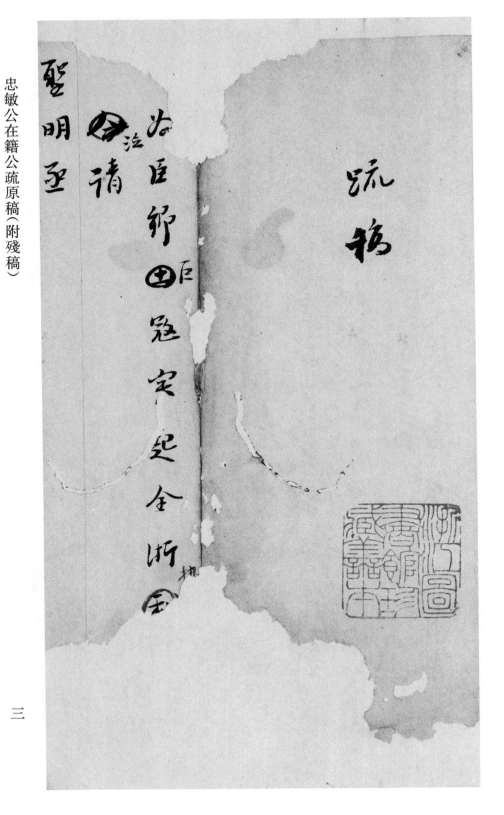

勅撫臣監軍會師合剿以保東南之

地事竊照臣鄒維璉霧東南北

而撫吳撫閩為

當都輔翼實重於六年來吳早

以民不聊生不意黃許都乘

機竊起初破東陽繼破義烏浦

江今滴江旋復而幸蒙欽

逆天造亂奪印稱戈誠臣節
所有之大變幸賴梃臣
福境上一閃警息呈府回者
台寧紹溫處之兵刻期進
賊蓄謀已久徒臺衆目一
金華頗府城甚急臣府經與金華

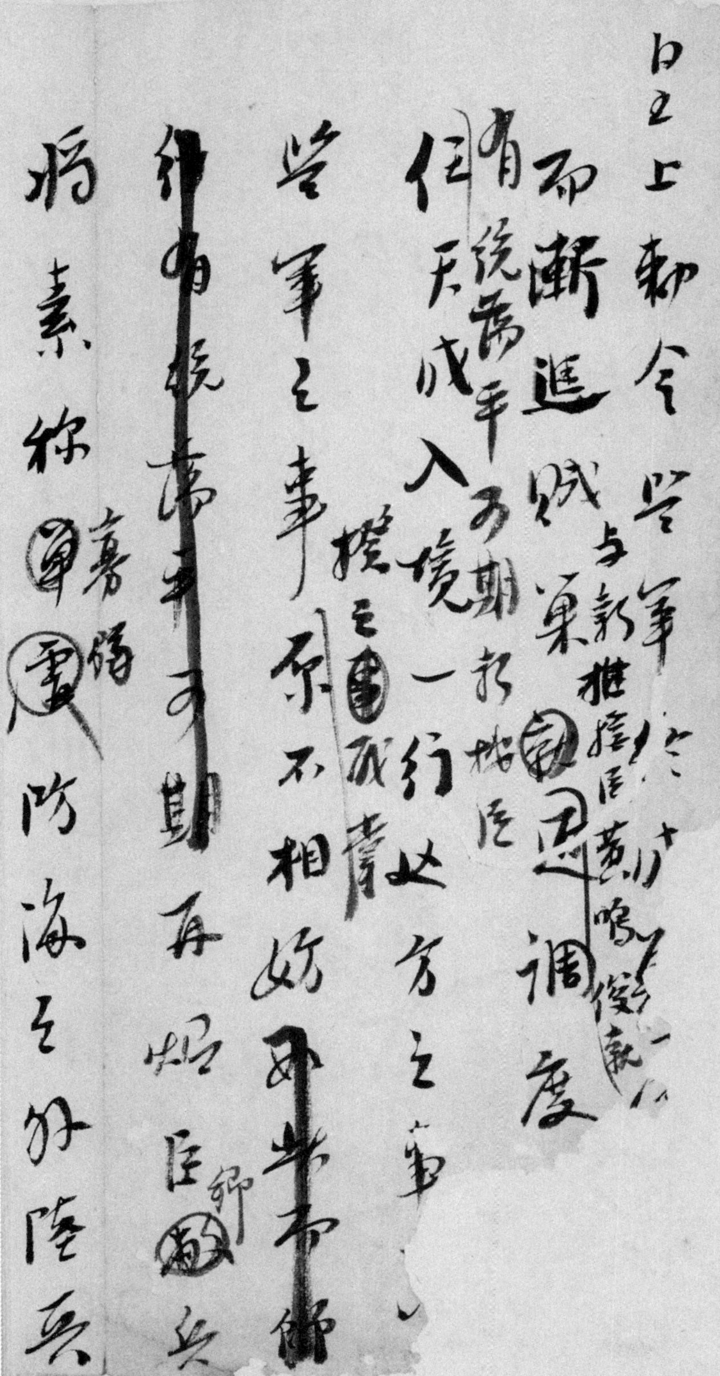

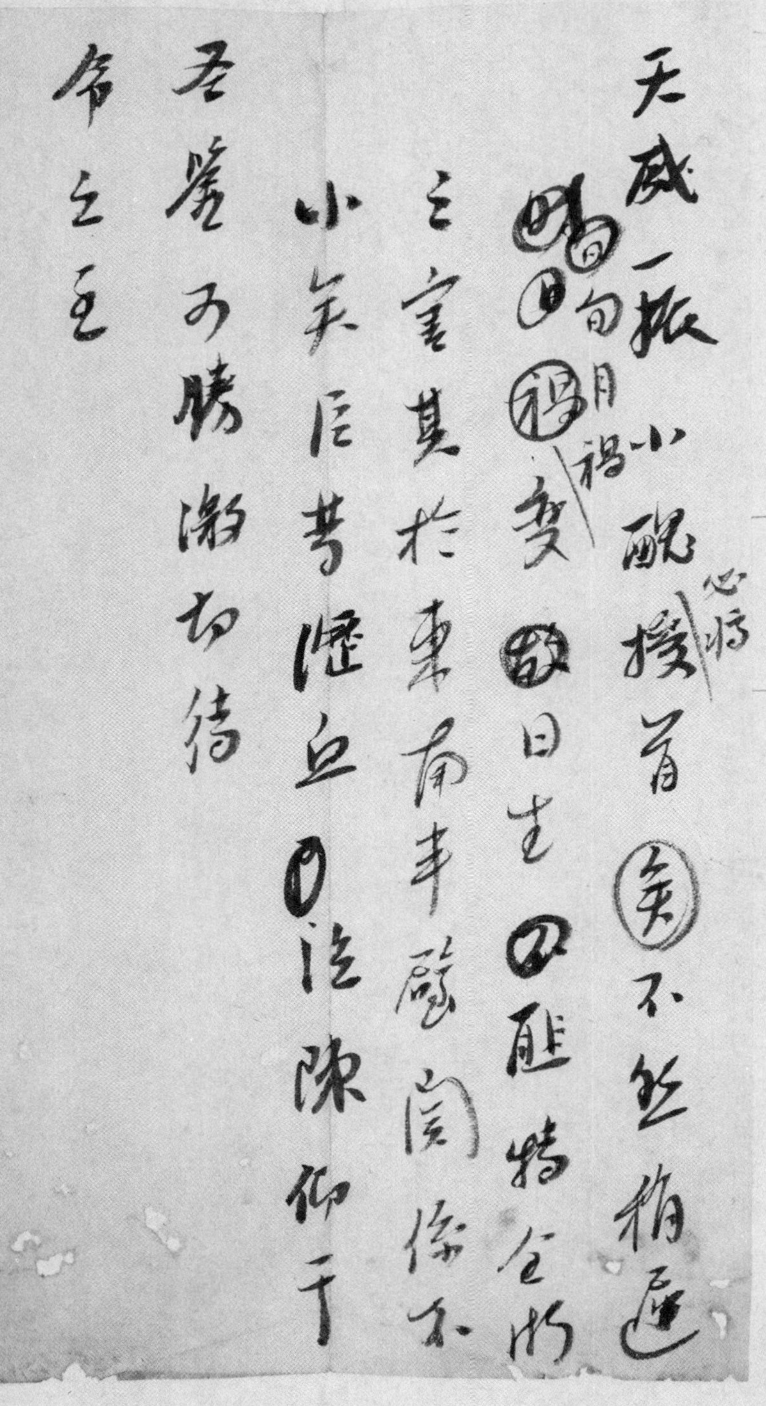

公疏稿

浙江紹興府在籍致仕原任禮部尚書兼翰林院學士今致仕臣姜逢元謹

題爲臣鄉臣冤實起東南阽危可虞籲請

聖明亟
勅按臣督軍合師會勦以保疆圉事竊惟
兩浙維僻處東隅然西則表裏淮呈東
引江閩於
首都重地猶服脈也年來災旱相繼民
不聊生江右告警全者戒嚴不意逆

衿許都乘机突起初破東陽旋破義
烏浦江[illegible][illegible]逆榜遍於道衢偽[illegible][illegible]
於縣署惡焰滔天流[illegible]縱遍地[illegible]鄉
數百年未有之大變幸賴撫臣[illegible]
促代境上一聞警息[illegible]星夜
回者調集杭各率紹温處之兵業已到
期進剿但此賊蓄謀叵測兇狡異常

假[illegible]之[illegible]潛通逆獻巢穴在萬山之中爪牙

皆[illegible]夫之特設東陽義烏為海內精兵所自

出招納既多解散匪易日下屯劄金華

嚴府城甚急臣所恐者與金華接壤

之[illegible]則危紹矣金紹危則兩浙皆[illegible]

[illegible][illegible]抑且金陵撤其門戶閩海失

其藩以離東南

（明）祁彪佳 撰

忠敏公按吴請留州守疏原稿（殘）

稿本

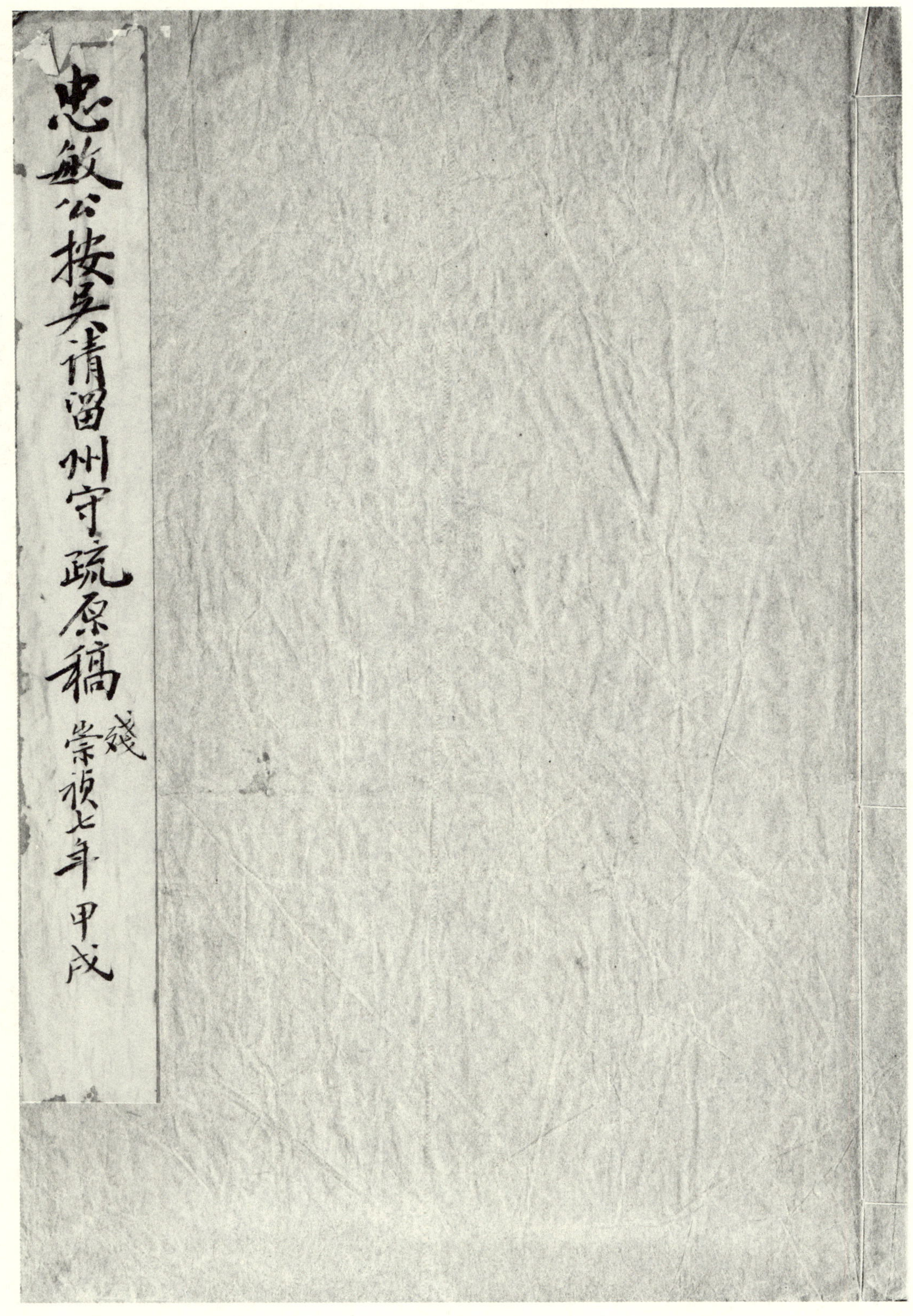
忠敏公按吴請留州守疏原稿
殘
崇禎七年甲戌

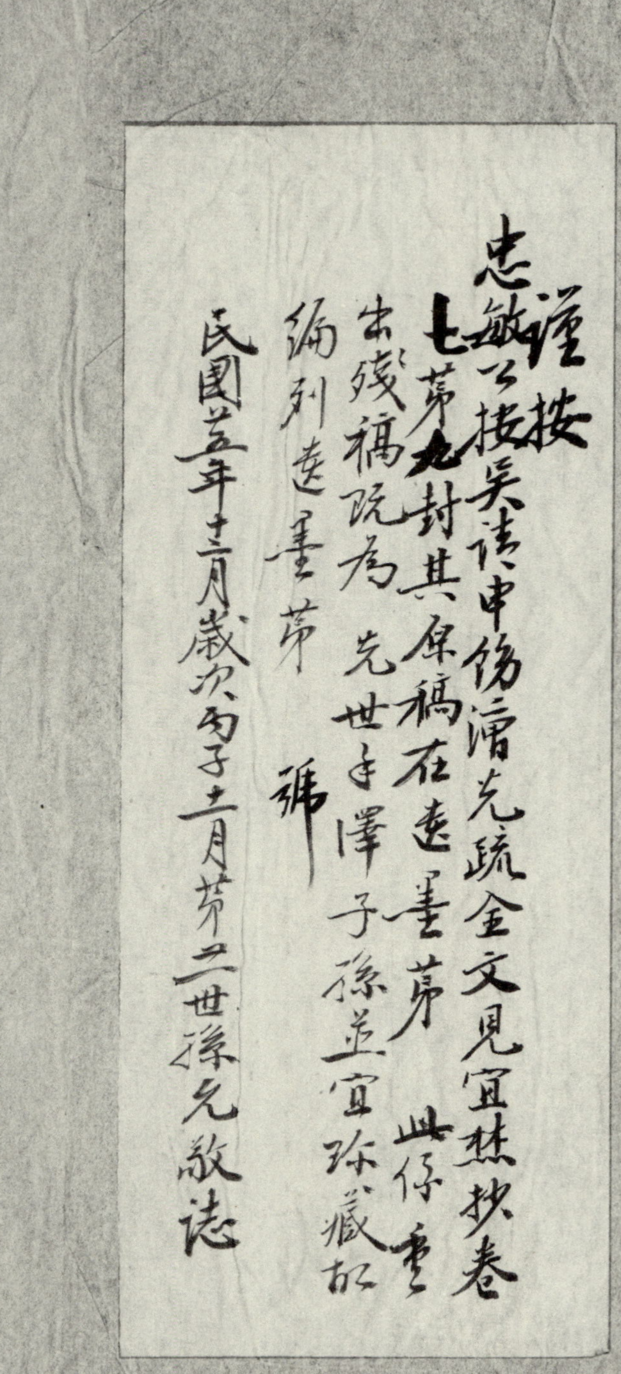

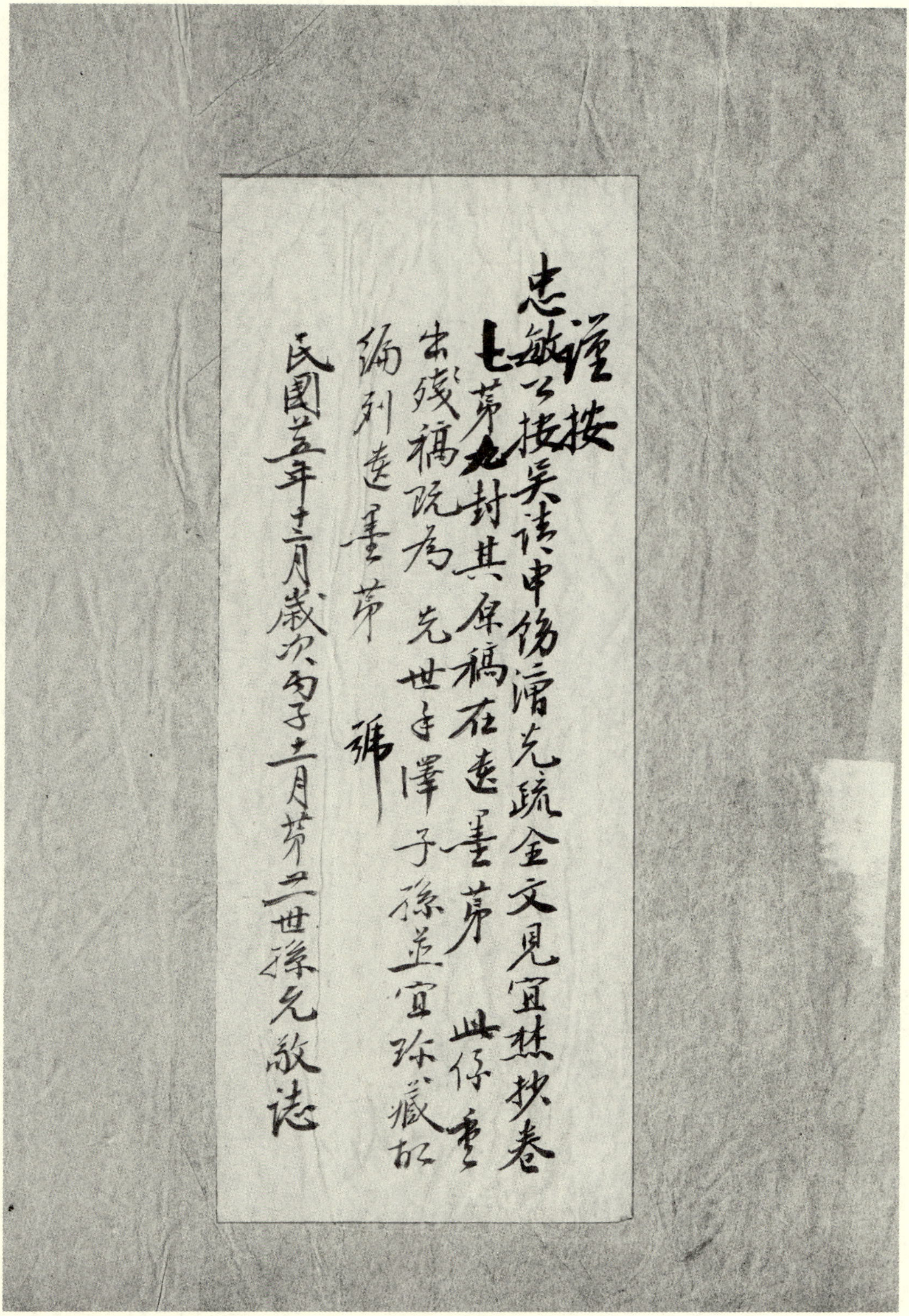

謹按忠敏公按吳法家中傷滑先疏全文見宜棊抄卷七第九封其原稿在遠山堂第 冊係重出殘稿既為先世手澤子孫並宜珍藏故編列遠山堂第 種

民國廿五年十二月歲次丙子十二月第十二世孫允敬誌

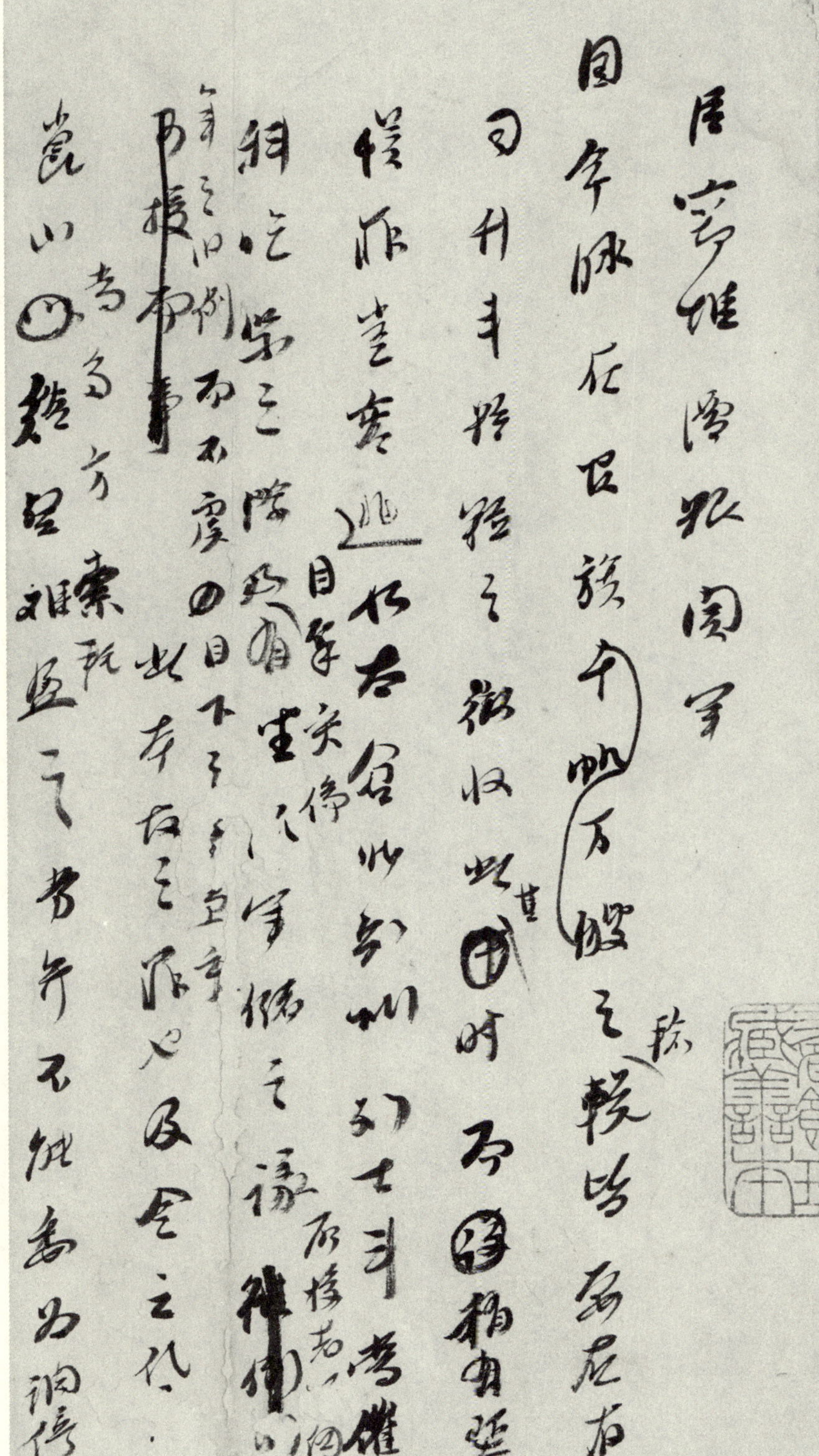

（明）祁彪佳 撰

忠敏公書贈文載公居官要類

（附引殘稿）

稿本

忠敏公書贈文載公居官要類附引殘稿

忠敏公書贈文載公居官要類（附引殘稿）

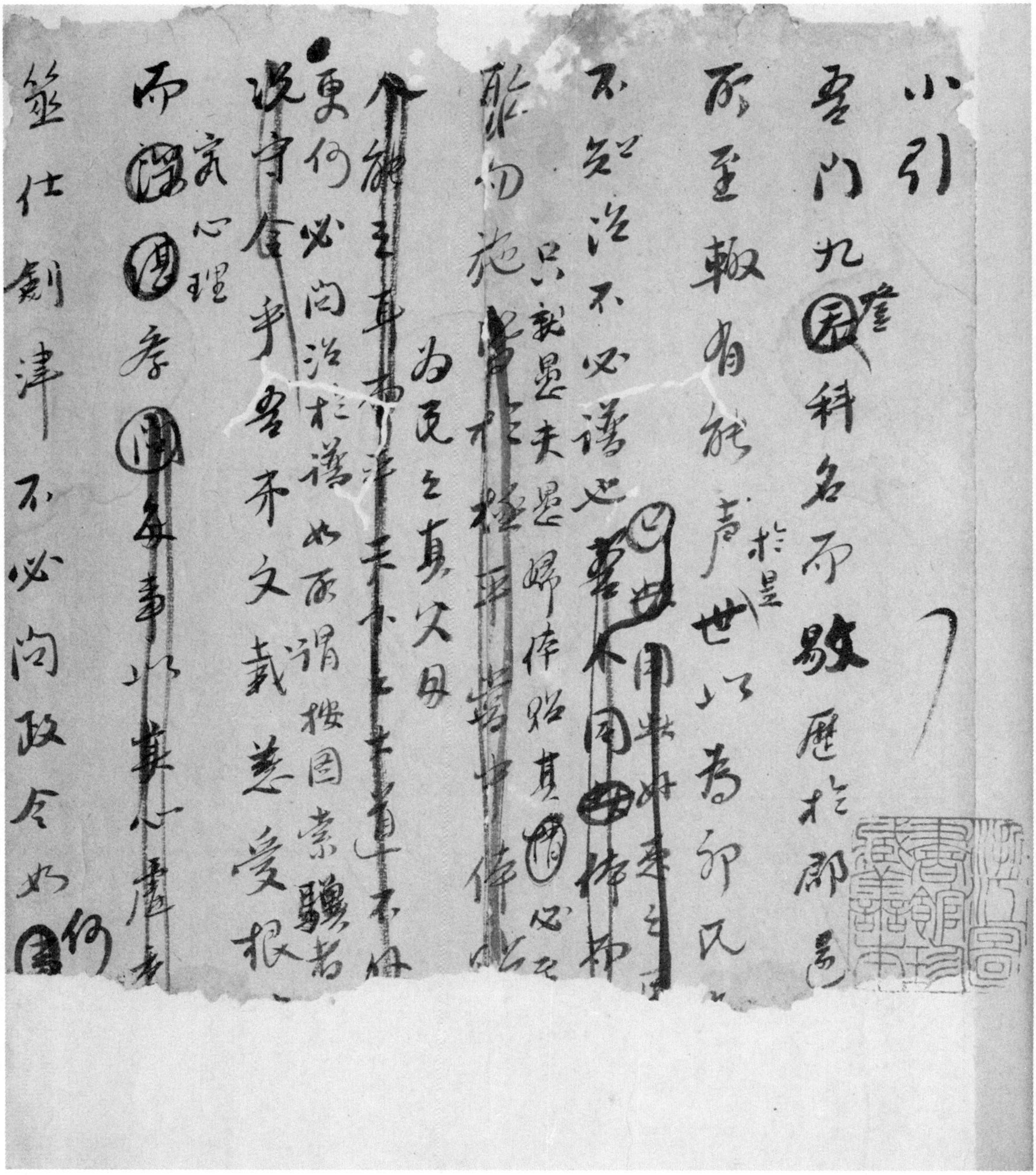

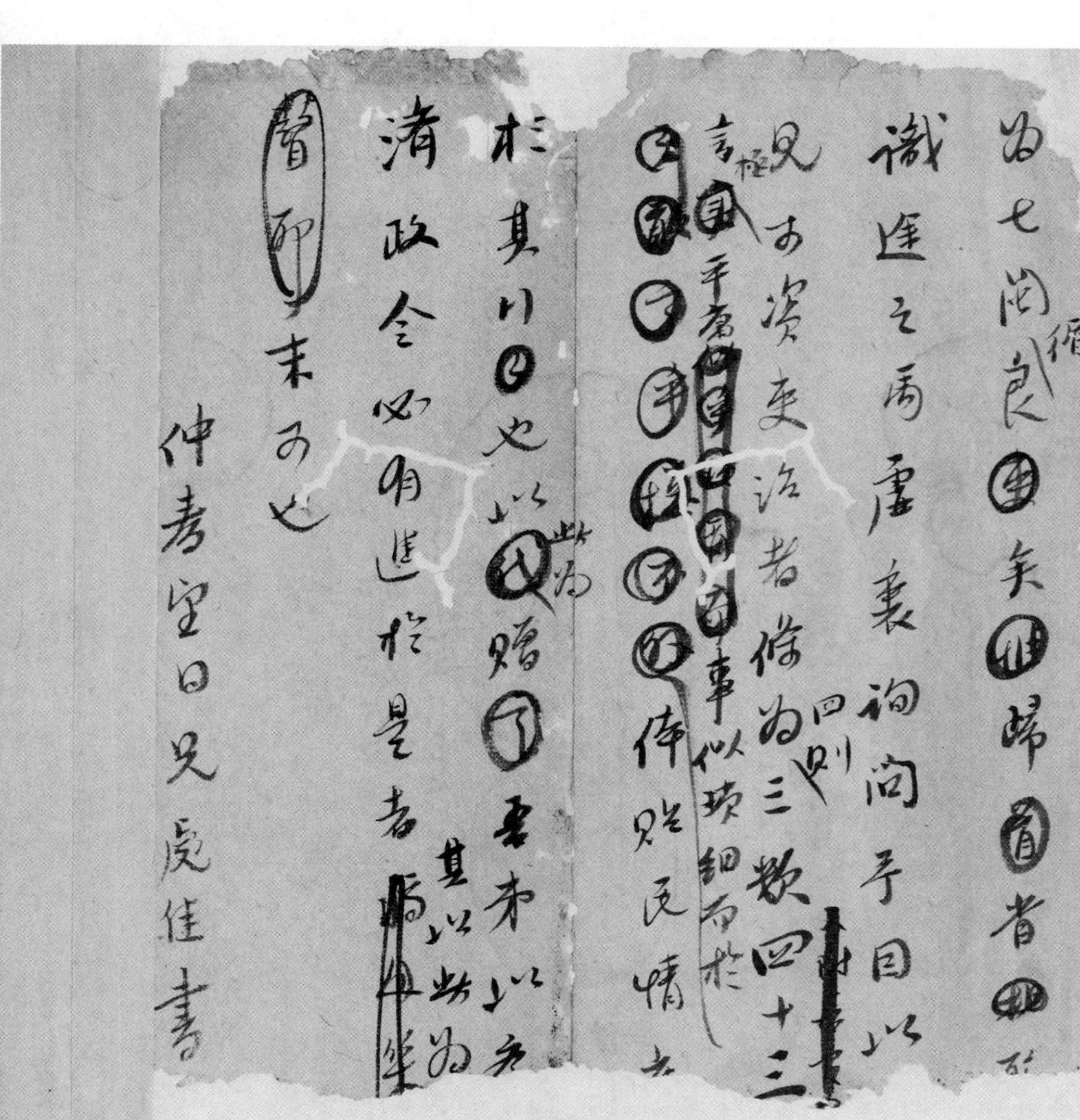

面之語謬朝政得失大老是

為不上

不可豫論先人政其所忌若卿

印恐慎重至於問者

一語甚輕何為冊

及二字別嫌彼職地望稍差又多有心待我大官

一不爭薦次調

○和厚待人使之心折

甲科入仕上臺屬望最殷惟是

我使事理民安薦章自者

曾見有作令未幾擢而首薦

之有識者反餘輕我不知首

地方倖面好看者選之時全日

彼因今之人論地論偉有在

者我一旦居彼之上必見嫉忌

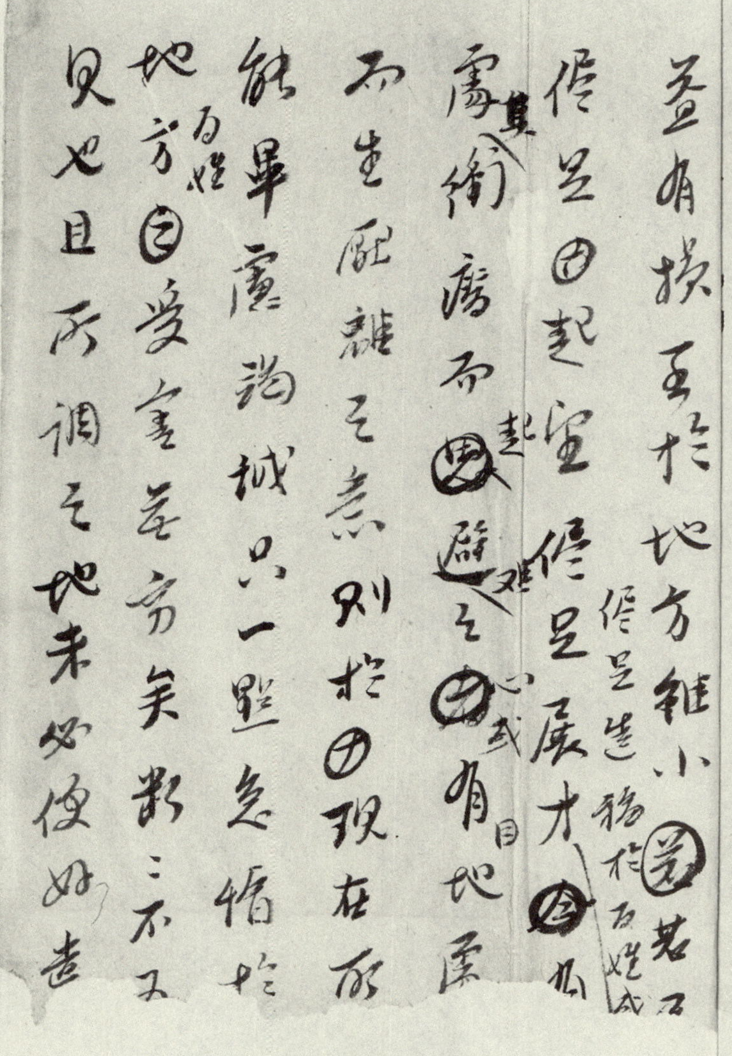

之後反思前任而新任之地或
未明之故不可不慎也
不
縱卹親
朝廷命我一方即以一方之民命以
譬如赤子授我撫育我若稍離

失其室乃反緻崖別人奪其
吮〻于心丑手今土紳里柵典〻何
細思以民膏民脂供親友之歓
国最甚夫我欲肥家潤身於国
計也我院兆藥自甘腥之知
我声名以奉承親友不但贸〻居人
質亦甚矣况親友之亦无厭前
来者稍有後来即至矣一次有
第二次即至矣夫奉承親
怕至亦且身而竟至者甚
之往　求　之風我徂而如

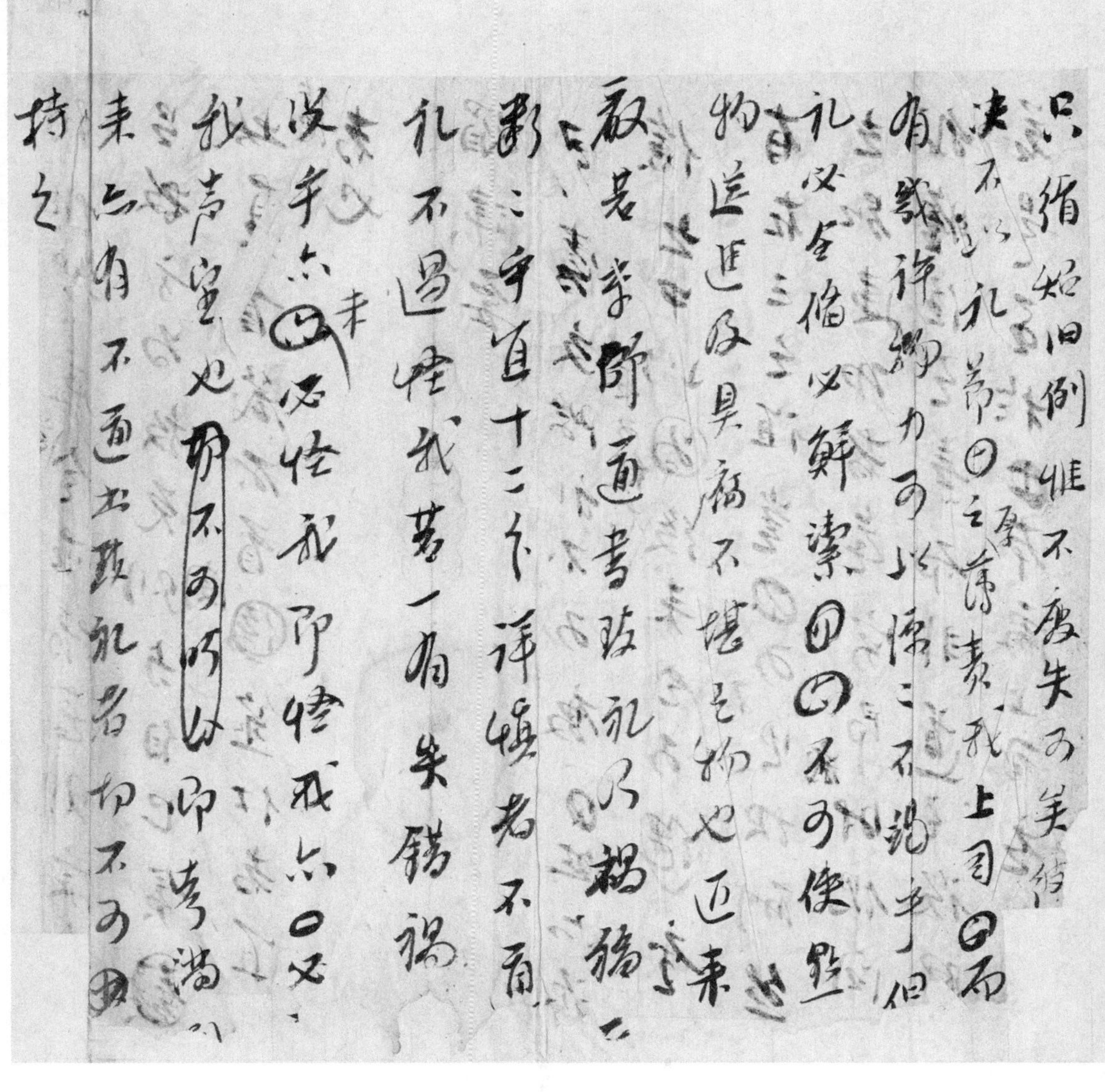

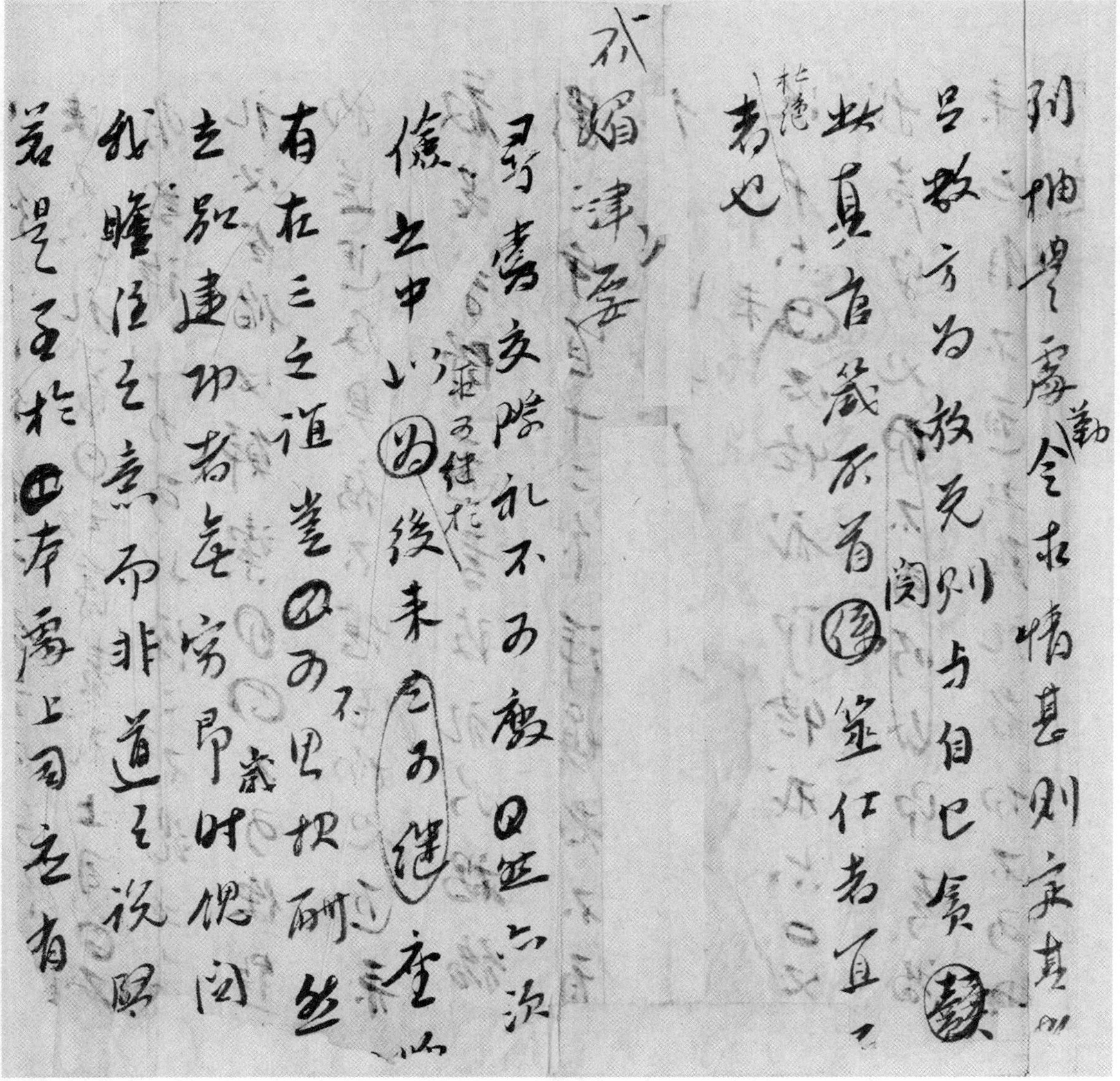

附不足十錢

興利除弊固是美事，然而急處

必看得徹底，果然可興可革，乃以

[illegible]力以之識見，一利興而一弊生，除

中又復生弊，故必詳始事之詳一

也。古云利不百不興，誠亦慮及於此耳。

按方因臨多揀致地方利[illegible]弊，切慮泛

陳，亦不必為其款項，只揀實有關

[illegible]切實摘陳三五事，便見我之

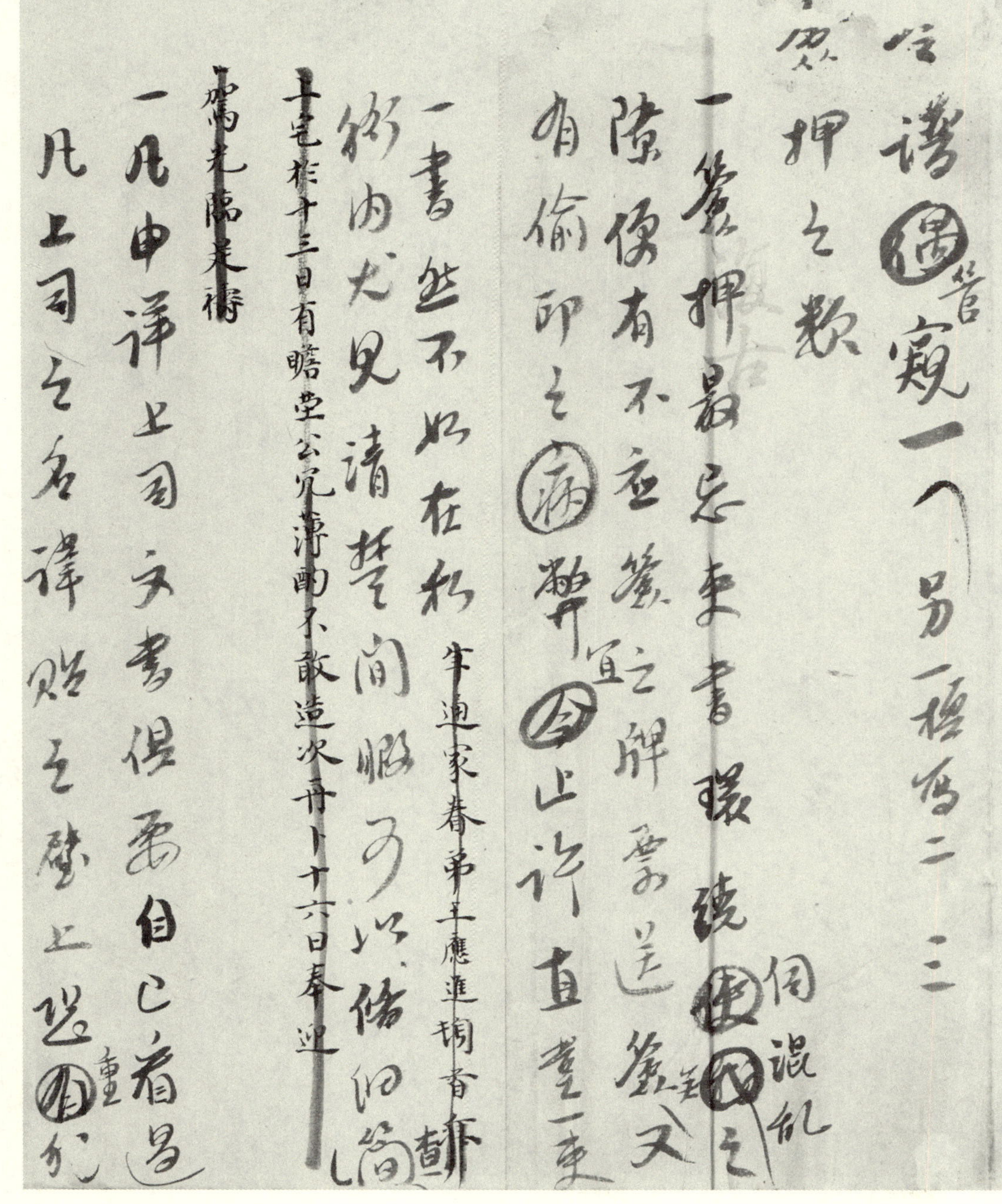

二字殊為不便若二名不必偏釋

一供招先送稿時要看他与自己

書單一樣不許代别换情節指

東謂西

一詞狀牌票送審即須细查多拘

一人多出一費擬云捉拘一點殊爲

姓一點色要得不慎之或被告為

非極大事情只三四名足矣若有

干涉何难再拘 羽告之人狀内一樣

姓名計開處又一樣姓名座科只

役只利多人須於票内牌内因筆

查狀中有干讀者方拘其餘

不用差役爲妙
一詞狀准，在内須掛一號，以防抽換
之弊。凡出口牌票，除取用物件并
極細事外，其他俱要先發一簽，以便
查銷。凡原告詞狀，被告來投，必定有
黄呈，以向來之一副狀粘于墻。
然不若即將副狀作圖牌票稿，
更定其式，因大使被告容易看見

面填票嵩面入縣票即付与彼
少房之使用矣按解之日即嵩
嵩面日銷号或前号未銷維挨着
亦不差亦不累其補急些事有難
易又不可一律論也若其過失扶責
不屬者於差標內株去一差亦
可示警者直指遠差者差真
致有勞績者差標之上另標准
責凡差不在挨次之內亦可示助
一立記過一本簿上列吏書各役花名

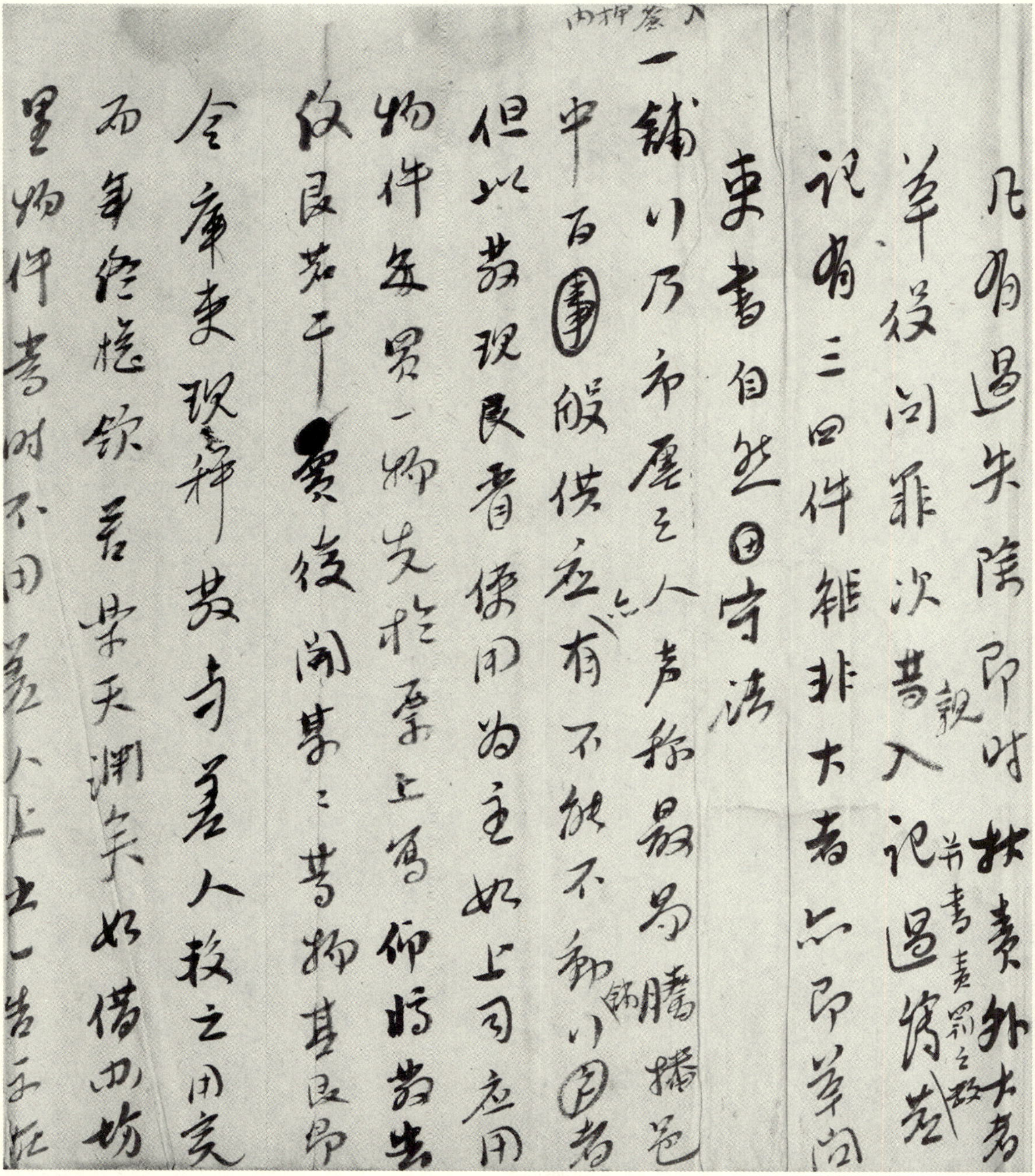

凡有遺失際即時扑責外大者
單役問罪次書親入記遺簿若（並書責罰之数）
記有三四件雖非大者亦即單問

吏書自然因守法

一鋪川乃布廛之人声称最易騰播邑
中百事般供應亦有不能不動川（錄）因者
但此弊現良貴使用為主如上司應用
物件每買一物支於廛上為價時弊出
故良若干賣後開其之書物其良即
令庫吏現辨其奇差人校之用矣
而年終總飲若某天淵矣如借叫坊
里物件書附不用差人此一告手拉

從前令他某日交納不交者催官
字不催之物也。但發還之時要書人
案機便用須為親自簡點，又如刊上到
送乳必借用尺頭雜物，著去人役納
以匣物擡好者納，謹據者為假稱鄉
內取進，竟不還者，只以自己備辦為妙。
田器行規費政銀之募致每季全無
舖戶開一時價值送一冊存學可也。至於
鄉內自用物件，若不用假價即刻之時
領声載道矣。

縣間嘗明二三季插白一封比者上司俱以我
為不料理今宜立比簿一扇每上司總
門下立回季比完即填之彼不赴比之鄉
門我俱可催從之又如比較考察為催
替自上司每以此項任明司若在吉心
送比在門上親自點進為妙

門年家弟馮垣登頓首拜

大使費

一批詞與各衙亦須量其爲害若無

各衙之相牽聯者則其事之地

有不可者各衙有來請者須斟酌

之各衙私票決不許川令其來請查

而使者許爲私准詞狀之害策百有不敢批而隱害之時或遇姓名押數起於各衙令即日書批亦皆需查

一訪犯極須慎重於平日於詞訟採詢之中

先得其首惡之人而後察取其單款

則造訪者便不甚害事然其單款

之內又多埋藏助惡濕祉者多是

牽累如所謂過橋纏腳者不可不慎

亦兩又為埋藏助惡濕證甚多為是

章果如所謂過橋腳者不可不慎

加刪削其賂不可開為照難完畢人

一訪犯必須先將照送院再人不能

拘到便不要矣其正助惡濕證必開

明共拘其被害干證（更）書開明另作

一次拘羞小民談及訪學俊已驚魂落

不問明白并爲嫁禍者後乘機混行
索詐殺害者詐多冒告日將被害
干証姓名掛於衙門前限他日子於
投文時投到隨放出正犯隨索了日個數
投干証被害除要解院者好其作弊

必衙門伺候坐無不歡喜而去者

善多甚多無數

一路盜品之一狀式凡告真正大盜者只

留他實填日子物件贓字樣使其

假此陷害不得苦拿到盜賊雖極狠

之時必留失窩今其回物回物確

姓名存案又必失主物主果有干涉

方可擬贓擬贓亦必會同失主罪犯

若失擬則不論真假物件俱植物役反

有矣賊盜印失落盜而復害一處

照則有牢記某子教串過一兩日號

則人不敢他﹅亦生心誣報矣若羽到

者係是大盜從出同黨已明已後使續到賊紀

不必要他再供大盜供者十有五六是

誣不可不慎至於所供亦必真確如真

住址不許用排﹅易於混亂

一人命亦易立一冊式上令家填這有此、

後畫作面發面二圖令其家填所

偽於圖上尤使奸民誣告不得由有

精明官◎府令其提展告、狀先到簡

豈則有宰[illegible]子教牛過一兩日[illegible]
則人不教他亦生心誑扳矣若初到則[illegible]
勸和而善民若又有方息而後訟者
宜令以後和息原被告[illegible]帶干證一三
人投文之時即審其口詞為之批判教
語以免二弊
一隊不用差人以解紋原告不遂其恐嚇
之意計大都有來改差若不過限不可
輕改若過限二次而不來銷繳亦溺差
人一拘不然或起或倒隨原告之意民訟無分
矣須用立一世簿明白掛号以便查銷

習是以爲弊亦不能疼均只是
剝宜因失全無都里自掾各呈
而我從中裁定又可省事又可便
田大差辦以田爲主若從人姓口
書彼田爲差爲田少差少户頗
小民雖不均而差辦之輕重
均矣訟撤差辦自家所聞不可听
徧詢

(明)祁彪佳 撰

忠敏公公私雜件原稿

稿本

忠敏公公私雜件原稿

皇上之明偏有殊所以
處分之者亦爲潛心今太倉既在則寬粗發代
邑於早即荒山之開者亦善後然此
爲此選舉一詳則寔因素根不遂而
後起者初有因自爲而遇而今遇亦
似有常不識者

臣方非敢爲本支起見也

是必責之以班而非爲本性道必不知矣

貼黄

該臣愚以今日急務莫先於收拾民心欲收民心

惟在亟除民害茲值三陽啓泰正

皇上秉春布令之時敬條具民間十四大害及帶徵預

徵蠲免等事仰望

聖明軫恤施行使蔀屋黎庶共戴根本固則盜賊

自弭民生安則夷狄可攘

臣無任激切悚慄之至

貼黄

該臣伏慮大臣休於

嚴旨恐其依違兩可益無當於

聖心小臣迫於

功令恐其苟且支吾必有缺於職守臣又

慮運弁或有衛法漕運恐其藉遞監

視每多會同情面恐其習熟此臣款

款之愚敢以仰[illegible]佐

廟算伏乞

採擇施行

調古照著、

該臣伏見江南重地有司延缺甚多

如蘇州府鎮江海防同知常鎮

兩府水利通判松江推官吳江縣

山青浦江陰四縣一時並缺伏乞

詳加采訪內有堪充之

由餘者應聽原議者從候

聖裁施行謹

題請

旨

臣前因之中支離麻錯民聚易呼訴
方且拜於其身撫綏明告行
本等之苦然無夕離之心
如此架意之秋行一段書而民之用加無一為
民所受截之長恐不意補救百之用
部下該部作速就近調補加
親回論交勤恤受事庶地方早
得聞人之益謹
題請
旨

五從然着、

臣惟仁民南方役重故人心為勸安

款收拾人心必力破苦役計其役

有也除屢免先經具

題外今將布顏白報摧致臣催回款

詳加察訪內有應之

甲餘者應所虜議者從候

至裁於行謹

題請

旨

參逆天賄黨

臣伏讀

明旨奉八月十九日欽此

參臣等據參處臣見常熟牽人陷逆

天擅受授賄殺死人命及代[illegible]不法諸

狀合以律參伏乞

聖裁處分以便[illegible][illegible][illegible]以擬勘問擬[illegible]招具

請旨照請

旨

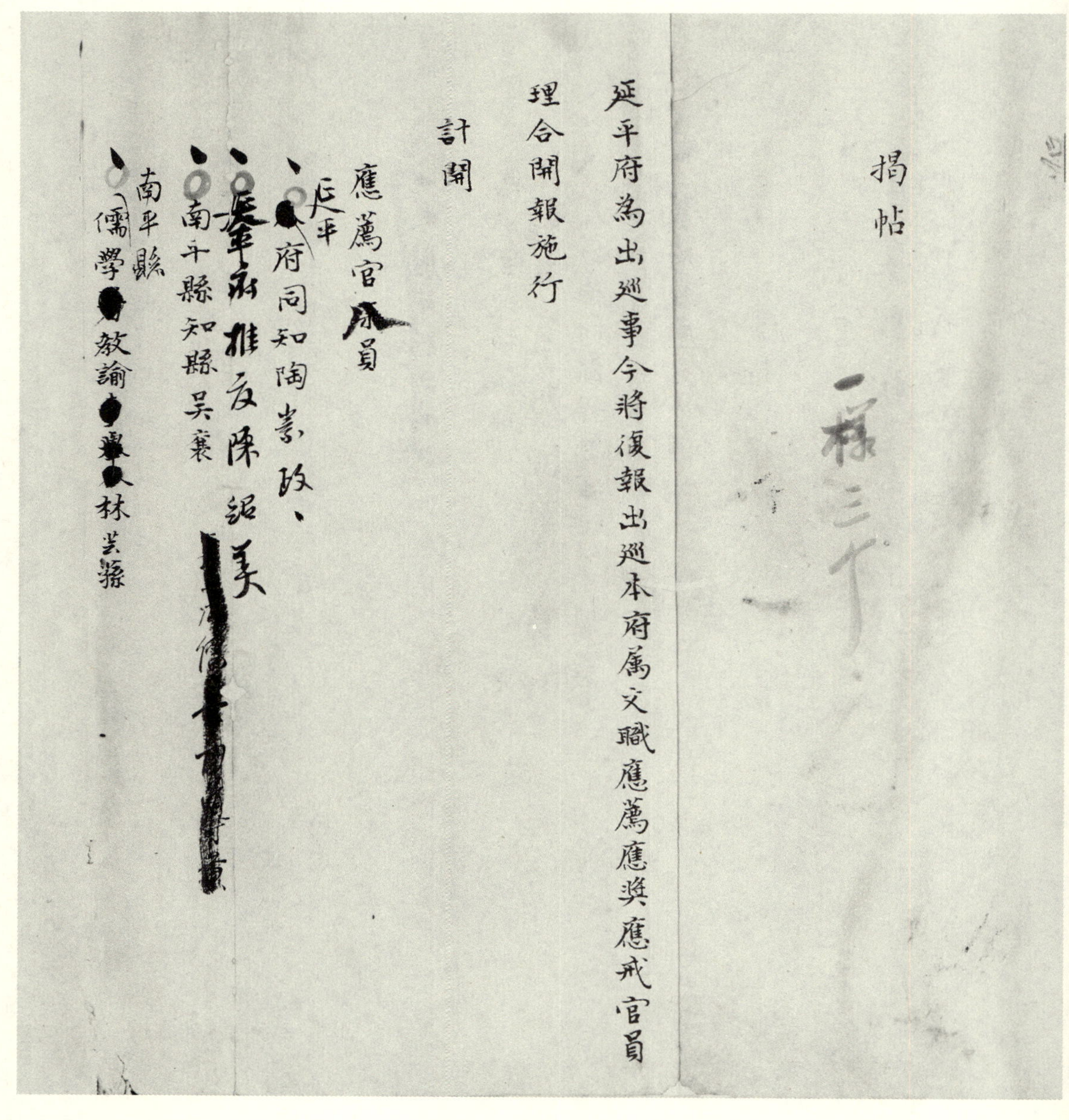

將樂縣儒學訓導林士譜

沙縣儒學教諭諸萬傑

延平府儒學訓導黃文耀

延平府篩較王者衡

應奬官貳拾叁員

延平府通判鄧爨　佛保

大田縣知縣楊其言

延平府經歷趙一濂

延平知事張惟功

延平府照磨陳明高

延平府儒學教王吉衡

延平府儒學訓導蕭汝洪

訓導馬宗儒

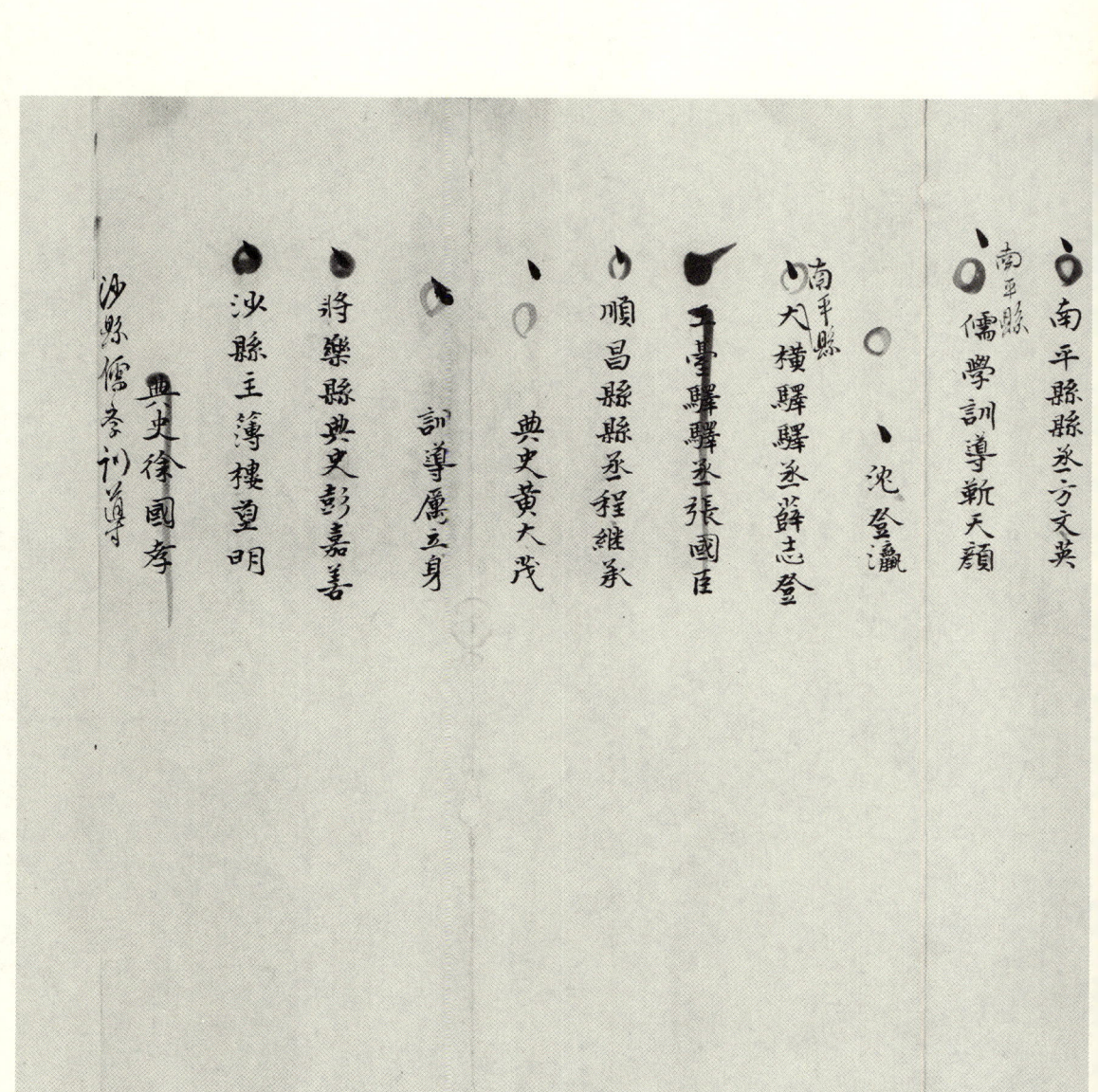

南平縣縣丞方文英
南平縣儒學訓導靳天顏
沈登瀛
南平縣大横驛驛丞薛志登
王臺驛驛丞張國臣
順昌縣縣丞程繼承
典史黄大茂
訓導厲立身
將樂縣典史彭嘉善
沙縣主簿樓皇明
典史徐國孝
沙縣儒學訓導

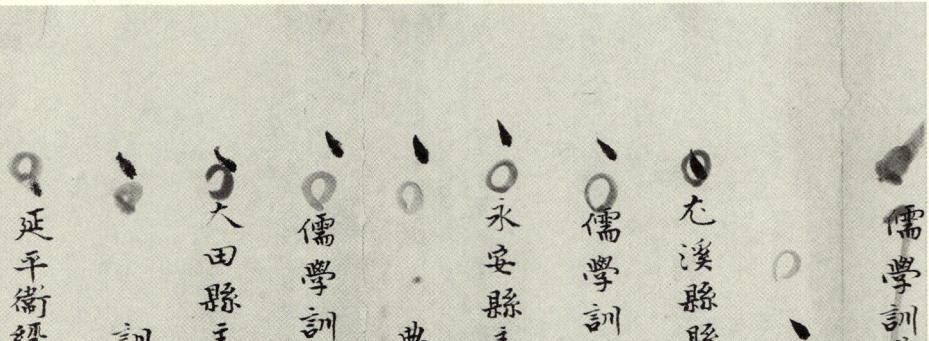

儒學訓導錢肇周

陳煐禾

尤溪縣縣丞葉咸章

儒學訓導文安邦

永安縣主簿楚尚善

典史謝夢龍

儒學訓導王震

大田縣主簿黄興義

訓導項順庚

延平衛經歷司候任經歷王有學

應戒官壹員

沙縣北鄉寨巡簡司汪尚溶

問

問何以使士習還淳
何以使民風返樸
何以使循良競勸
何以使貪污須除
何以使賢杰收羅盡收

何以使凶荒足備
何以使江防愈固
何以使海道無虞
何以使善良安生
何以使奸宄歛迹
何以使盜賊消弭
何以使賦役清楚釐正
何以使兵將可練
何以使粮餉不匱充盈

先飭原被排狀　先審詞後尚庇
被告不許過三名　呈審不許過
詞呈須批准方准　審録免拘干證
和息先具呈認　違訪批捨　園硤寺清
賭生者拘拏　受結者註銷
佐貳不許受詞　不許拷賊
編審登答

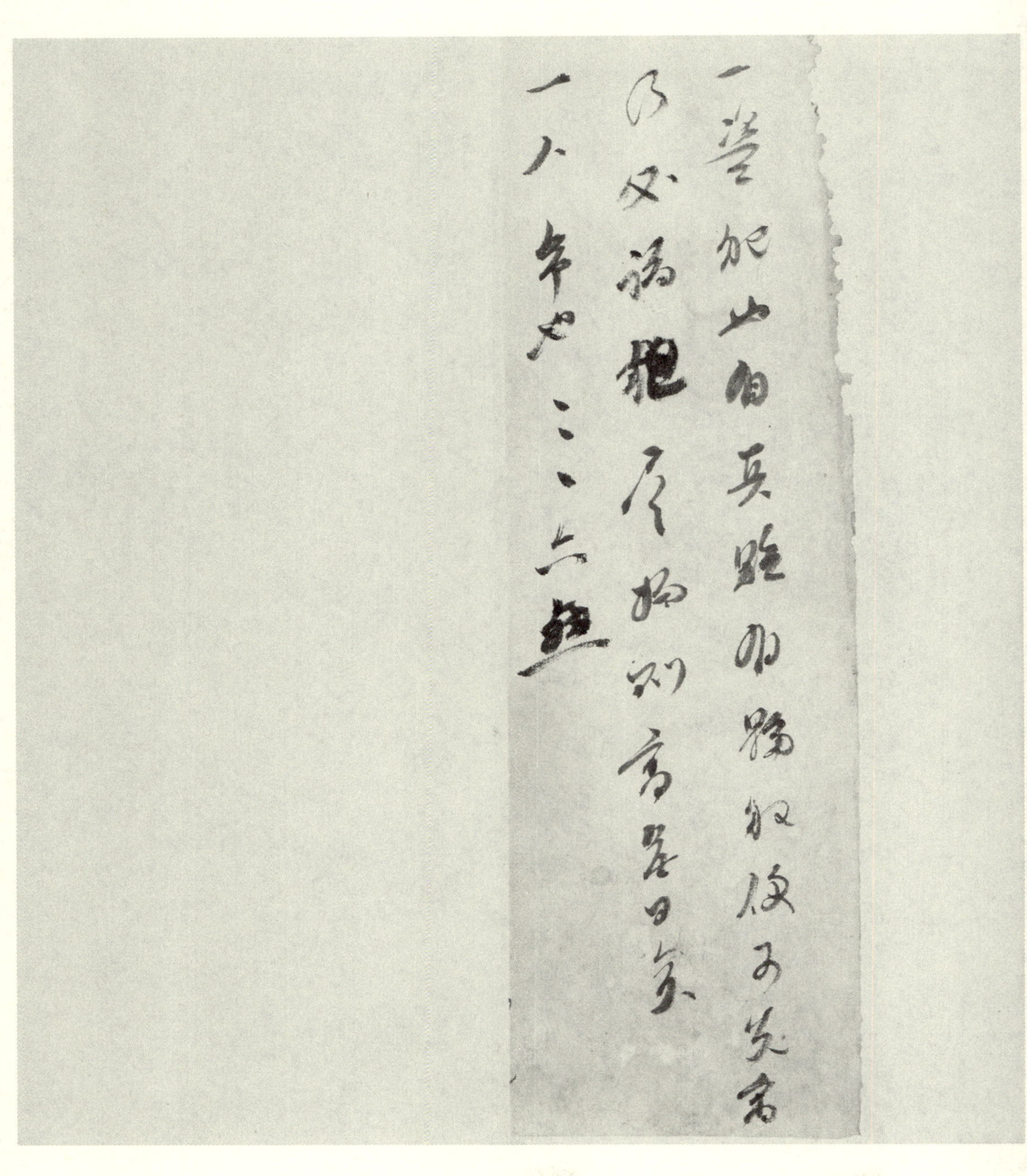

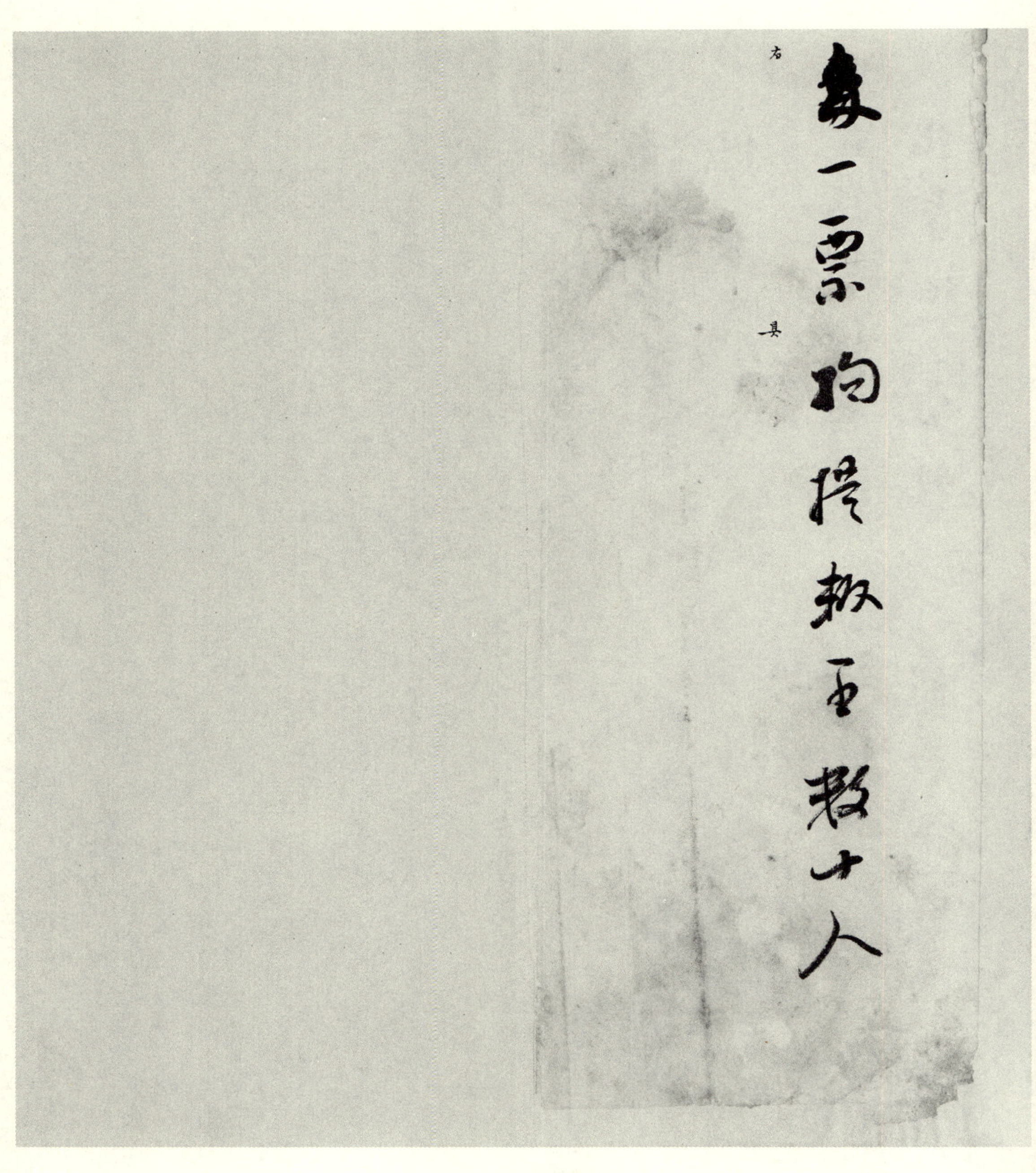

具呈官屬印道為除盜安民事
家主印官於崇禎十六年十月內被盜
書印呈明山陰捕衙追信後捕
衙於別界獲盜王二四即王思供
盜主贓与失單符合乃於盜藉作
詐端扳攀黃三孫大等家主雄知
其一係舡户一係村氓並非盜夥
苦不執恐風聞今又串楊元攀
村氓董廿一主贓堅匿不吐全藉

旌善條

一孝親能篤者旌 上

一有志好修究心聖賢之學者旌 上

一立身端方取與不苟爲一鄉善士者旌 次

一勤苦讀書不踰外事不隨流俗者旌 次

一堅守本業又——能隨事施濟如救患難還遺物——者旌 次

一遇事能遜讓應——訟不訟者旌 次

已上每年終時各房長公舉憑族長覆核如果確有事實可據酌量上旌送良一兩次旌五錢以相贈旌（於罰良內取去如無罰良）

良內支給

罰惡條

一忤逆父母者革 仍呈究

一亂倫者革——仍呈究

一作盜窩盜者革　仍呈究

一酗酒聚賭者上四罰(圈)初犯二三次者加上責再不悛呈究

一不告族長房長不聽處分擅自興訟挾詐者罰(圈)責　次罰所告處經(四)加(五)上罰

一不顧本族和好暗挑明鬪狹詐長子酒食者罰責　次罰(四)再犯者加上責

卑幼能犯尊長及同輩間毆致傷者次責

一凌辱祖[illegible]者四罰責呈究如尊長凌虐卑幼亦共戒諭甚者次罰　理曲者仍加上責

已上每有所犯房長即告明族長會集族衆

公至祠堂議其過犯除革出仍究外其餘本者責　呈　罰　應責

者罰不服者并呈究責四罰但分上次上責二十板　罰良　陳究　族費外多者

次責十板上四罰一兩次四罰五分(田)收為祠堂公用其

盜木一條仍依族規發落

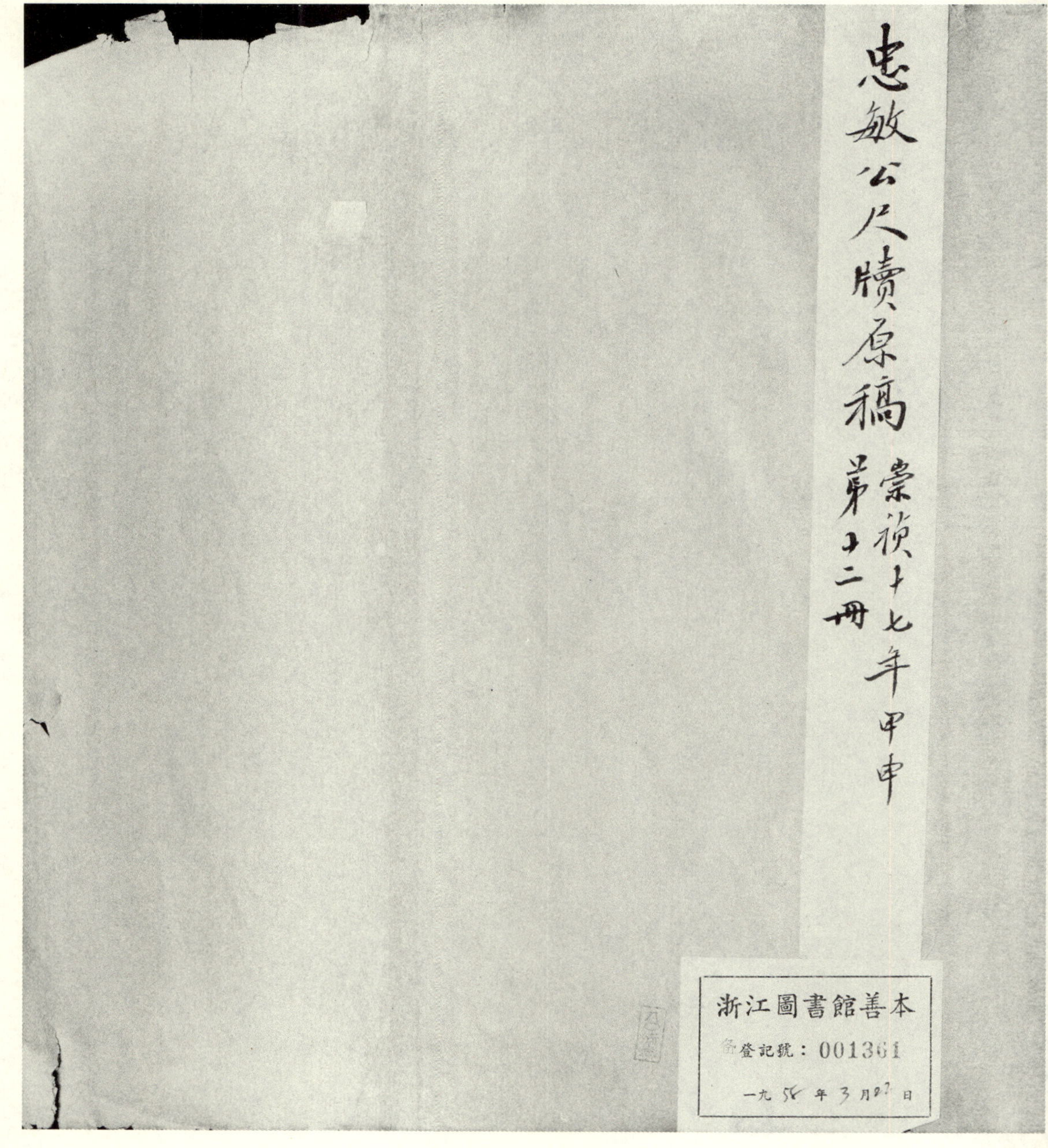
忠敏公尺牘原稿
崇禎十七年甲申
第十二册
浙江圖書館善本
登記號：001361
一九58年3月27日

（明）祁彪佳 撰

忠敏公撰翁賢書思貽先生贊原稿（殘）

稿本

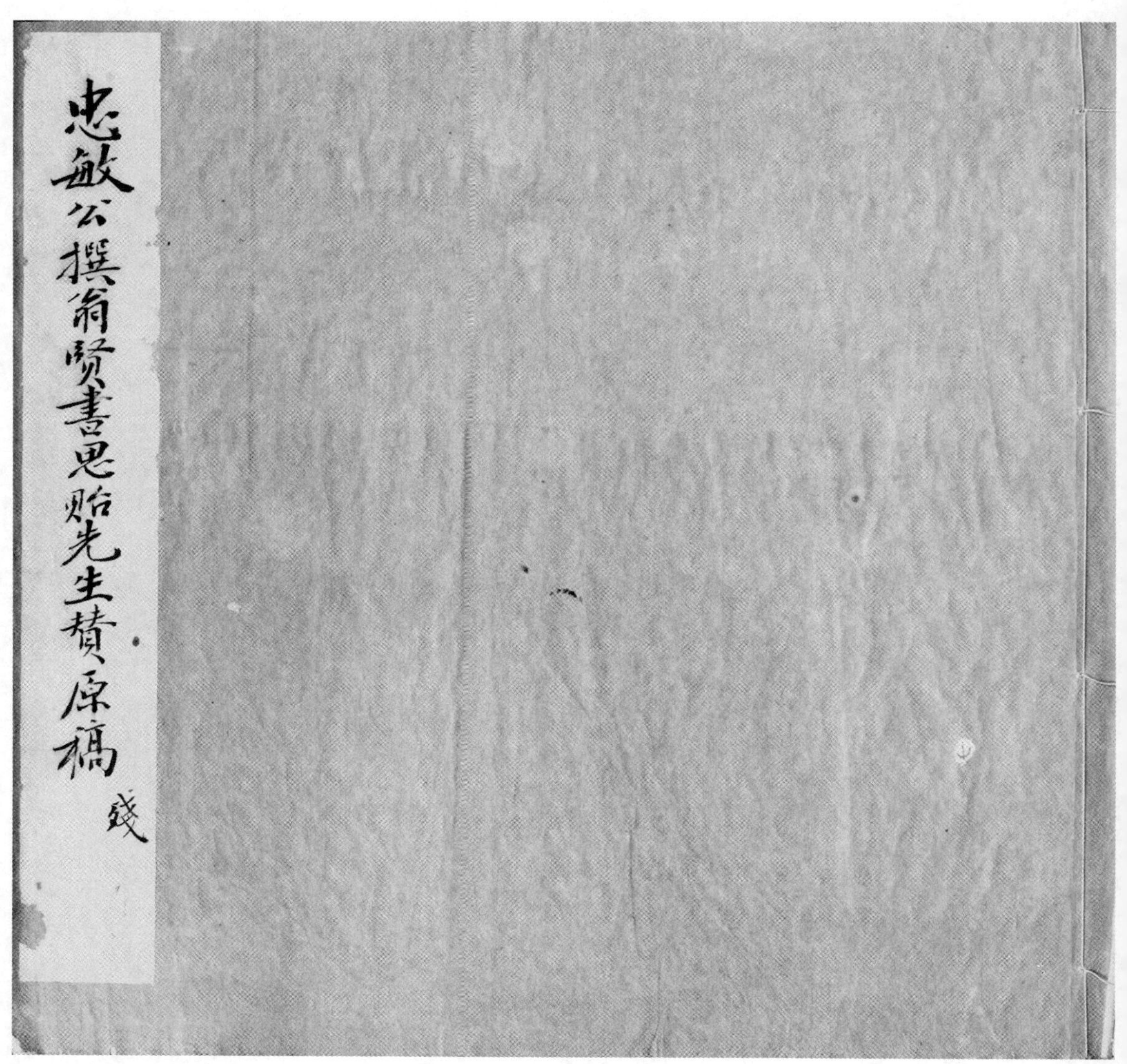

忠敏公撰翁賢書思貽先生贊原稿（殘）

謹按

忠敏公文稗抄內未列有此文贊雖係殘稿既為先世手澤子孫並宜珍藏特編列遠墨芬　錄

民国廿五年十二月歲次丙子十二月十一世孫允敬誌

問理莆陽得遇翁思貽先生知其爲博
俠士也相知之深氣（針芥）味投合迨己卯舉
鄉書（示）於予識感今昔並判袂已十三
秋情往返如一日及予入都則先生
於旅邸令子扶櫬歸葬適與予舟
竹椰車中心百折念先生生平才品
已於懷乃率爾爲之贊曰壺山之粹
之英粵惟靈鍾名哲挺生行足範世

者紳渚〻不濁澄〻不清惟孝惟友
誠抒其經濟可致治平挹其丰采可
志雖未竟永厥令名業雖未就廣
心何必扉翰已擁百城何必鐘鼎已翼
玉在璞已貴席珍如劍在匣已發
人不可聞世不可憑所可聞者素位〻
可憑者介石之貞寞心幻化遊神太
〻千載予黍知音
癸未季秋通家侍生祁彪佳頓首撰

（明）祁彪佳 撰 （清）祁理孫 批校

忠敏公西臺疏草抄

清初祁氏遠山堂抄本

忠敏公西臺疏草抄

全本

崇禎五年四月廿七日起
六年三月初三日止

按此疏抄與刊本宜焚小疏五卷内之西臺疏
草上下兩本相同但抄本多第一疏貼黄一則
又聖主方渫宵旰之思及請申飭臺綱出巡要
務二疏為刊本所無 民國廿八年歲次己卯二月
望日十世裔孫允謹志

福建道試監察御史臣祁ㄙㄙ謹

題為御世之權　請嚴賞罰疏

題為廟堂之精神宜密　請廣抄傳勘名對疏

題為疆圉孔棘　請飭宣雲武備疏

題為草場當意外之變　請寬草場失火諸臣疏

題為備察羣情　備察羣情深切隱慮疏

題為坐致海宇之太平　陳三大要四大勢疏

題為仰體皇仁敷陳民隱事　敷陳民隱疏

題為慎轉參罰福建道監察御史臣祁ㄙㄙ　陳吏治民生世風士習疏

題為　聖主方深宵旰之思　請破羣臣積習疏

題為請申飭臺綱　請申飭臺綱疏

一本為巡事視事　錄五則○者

題臣伏見我　皇上之遣內臣也　糾內臣疏

刻

請嚴賞罰疏

凡擡頭槩空一字

福建道試監察御史臣祁彪佳謹

題爲

御世之權莫大於賞罰戰勝之略莫神於激勸敬陳

管見仰贊

廟謨事臣讀尚書云用命賞於祖不用命戮於社言

賞罰之不預於己也予其大賚汝朕不食言予

則孥戮汝罔有攸赦言賞罰之不貸於人也是

以賞不遺賤罰不撓貴賞不踰節罰不過時

帝王勵世磨鈍之道盡之矣夫賞一人而天下勸者

遠山堂抄本

賞之當其功也當日狡奴宵遁遵永僅復空城
猶且冒廕冒陞至難指數何以黔功因一級之
疑遂稽三年之叙遣待勘報既真錫彤弓而饗
鍾鼓者又皆督撫總帥及帷幄大臣耳至陷陣
衝鋒之將士時異歲殊則聚散存亡之莫必青
燐白骨其能沾投醪挾纊之
恩乎况今青萊用兵勝敗呼吸倘非破格鼓舞昌縣
臨敵折衝似宜
特頒賞格預儲金錢凡督撫而下身有地方之責者

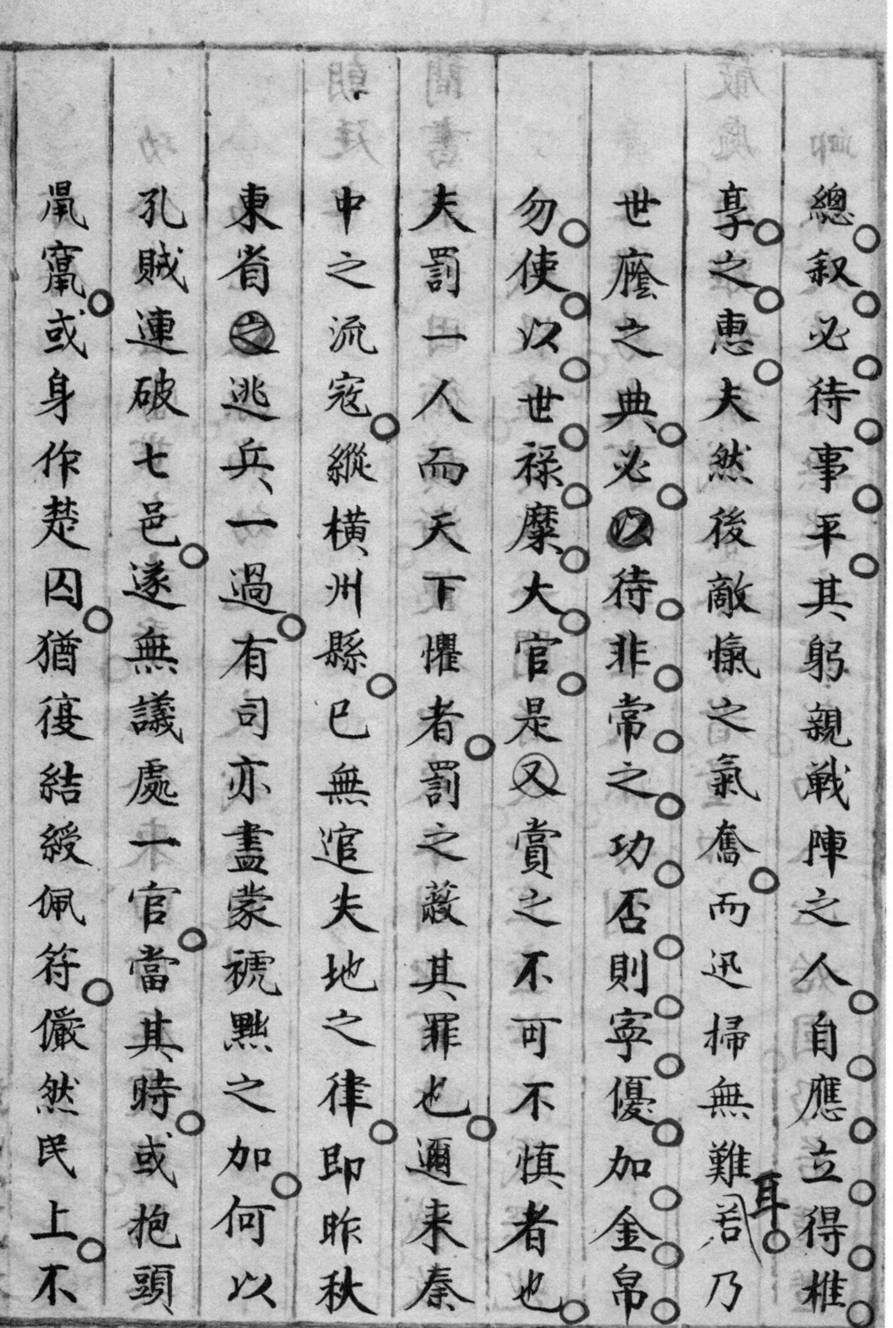

總叙必待事平其躬親戰陣之人自應立得椎
享之惠夫然後敵愾之氣奮而迅掃無難吾（耳）乃
世膺之典必以待非常之功否則寧優加金帛
勿使以世祿糜大官是又賞之不可不慎者也
夫罰一人而天下懼者罰之蔽其罪也邇來秦
中之流寇縱橫州縣已無追失地之律即昨秋
東省之逃兵一過有司亦盡蒙褫黜之加何以
孔賊連破七邑遂無議處一官當其時或抱頭
鼠竄或身作楚囚猶復結綬佩符儼然民上不

亦辱
功令而羞當世之士乎。況今東西所在震鄰驕兵
動見鼓譟。偷効死之大義不明。則
朝廷之
簡書誰畏。因循積漸。便有如東平州以百十土賊致
合城煨燼。莫敢一問者矣。似宜查任之淺深。地
之難易。失事之輕重大小。分别
嚴處。殉難如新城秦令等者。量加
卹録。夫然後無逃之誼彰。而人心始固。乃若隱匿

之條載在
令甲令劫掠者疊告叅
奏者幾何蹂玩之討固難辭欺朦之習尤當破是
又罰之不可不飭者也要之賞罰當則激勸自
神亦必責任明而賞罰乃當如巡按御史身立
功罪之外後〔乃〕能稽覈功罪
會典所謂紀功而不叙捷也若置巡按於功罪中
竊恐有功則互相冒濫有罪則互相蔽隱持斧
之任因以積輕矣巡視科道身異監督之司後〔乃〕

能覺察監督

舊章所以查銀錢而專摘發也若令巡視與監督

等竊恐監督得借以推諉即巡視且漸至扶同

軍

國之需亦未必有補耳臣祖父世受

國恩以踈逖小吏蒙

皇上拔置言官用是披瀝血誠罔知忌諱如果臣言

可採伏乞

裁鑒施行目是

聖澤覃敷。

天威遐鬯，如穽臣所言，立少而覩多，天下懷之，勝一而服百，天下畏之，賞有功，罰有罪，則天下從之。

社稷靈長，垂於萬禩矣，臣曷勝懇切待

命之至。

崇禎五年肆月二十七日具題，五月初三日奉

聖旨：科道官原以摘奸剔弊為本，况奉有專差，又復置身事外，是何職掌？若通同朦狥，罪責安辭？川功及東省失事州縣，俱着速查奏聞。

遠山堂抄本

貼黃

臣伏惟

帝王御世大權在信賞必罰以賞言之黔陽功敘至

今尚稽誠慮賞賚後時將士未必盡沾

聖澤今東省用兵似當多備賞功金錢以示鼓舞而

世廕則宜慎重以罰言之叛兵連破七邑各官

未見議處馴致東平倉猝之變若夫隱匿之條

更祈

天語申飭至巡按置於功罪之中〔恐〕有冒濫蔽隱巡視

同於監督之任，恐有推諉扶同統乞

皇上裁鑒施行。

分行寫在施行之下

貼黄止錄附一則以見本朝典制，後不盡錄。男理孫敬識

遠山堂抄本

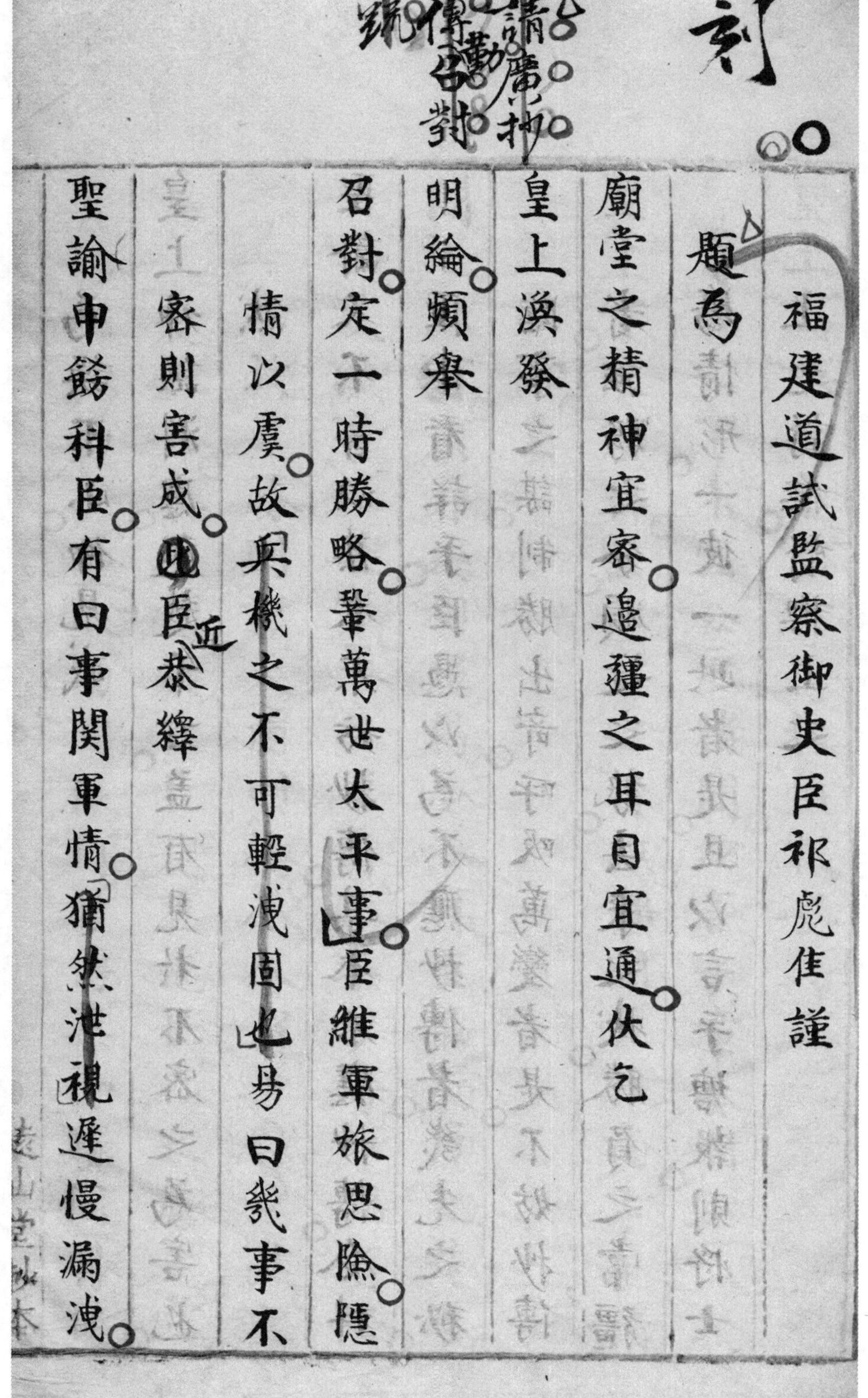

為誤不小仰見戒
皇上神謨淵慮超越千古蓋有見於不容之為害也
然
聖諭又不啻以某本不妨抄傳某本不應抄傳令科
臣以看詳乎臣愚以為不應抄傳者幾先之秘
皇上臨事之謨制勝出奇呼吸萬變者是不妨抄傳
者強弱之分順逆之勢去来之狀勝負之常疆
埸情形一彼一此者是且以言乎塘報則將士
上之督撫督撫上之

皇上夷賊之中尚可得於偵探豈
輦轂之下不宜公之睹聞以言手章奏則
皇上下之該部該部下之督撫疆圉之外尚不見諸
施行豈
闕廷之前不許共相昭揭令各科臣惟漏洩之是虞
致緘藏之過客畧涉軍務槩禁抄傳即偶有之
又於小勝則彰大潰則掩令人貿貿然既
是任耳都屬傳疑臣於是亟抱杞人之慮矣當
此四郊多壘人切同仇自抄傳禁而聵同射覆

遠山堂抄本

隔岩面墻欲借箸而苦曲折之未諳欲請纓而
憚遥揣之未確即樞筦堂司果足以了天下之
事而使大小臣工於邉計軍書皆似無似有■
疑非疑是於胸中則揣摹觀望之念多而奮迅
協和之象■寡况司馬之堂又群策必集庶言
必同者乎憶去秋大凌之築敗隙先開乃以倉
卒謀成無昌言阻執究之資粮士馬盡委賊中
益以叛將逃兵流毒無已先事乏萬全之防致
臨敵貽決裂之禍此蓋其一徵也然臣所慮不

止此也邇来盜賊縱横人喜語亂自抄傳禁而訛言四起紛呶百端賊未来也而誤以爲来兵未敗也而誤以爲敗流徙縁之載道草澤亦且生心鶴唳風聲徒張賊勢狐疑狼顧自褻軍容甚且彼巳情狀有臣下不知道路反悉者好莠自口夫誰禁之憶巳巳奴賊震都城臣卿兩旬郵報不通謡傳日四五至蓋縣制勝之略未能曉暢於天下因而潰逃之病反以中入於膏肓此又其一徵也然臣所慮又不止

壽山堂抄本

此也大凡封疆任重欺蔽易生自抄傳禁而專
閫之馳奏俱不得揚言於在
廷言路之糾彈遂不敢憑臆於局外敗形勝着總屬
渺茫戒策賊情隨其揣點尚有鄙臣猾帥或掩
敗以為功或飾小以為大誰與逆折其萌芽直
發其隱覆乎目今晉撫屢上首功忽而賊踰十
萬汾平之交所在充斥輝濟之界亦切震隣使
當時早為剿驅亦何至玩寇若此地方之失事
莫問邊臣之罪案奚明此又其一徵也要之

聖諭自明而奉行未免太過伏乞
勅下該科申明不妨抄傳之
旨由益以收群疑以戢壅蔽之漸以杜然臣又不能
無請於
容封之本焉
皇上聖神文武折衝不出樽俎之間非臣下所可測
識於萬一乃臣伏讀
太祖高皇帝有酬應天下兼聽廣詢之諭再覩先臣劉
大夏有揭帖密進不若與衆共之之言在

遠山堂鈔本

皇上獨持之魁柄更所祈
廣運於無方且如議剿議撫言戰言守出之於臣下
不過自數陳必剿必撫定戰定守採之於
宸衷始成耳
廟筭若既定之
廟筭固宜密斷於淵深而方上之數陳不妨廣收其
忝酌伏乞
皇上於諸凡塘報章奏苟非密切機宜外廷必不可
預聞者沛發

明旨照常科抄自是

詔令炳於日星而

赫聲濯靈震疊遍照臨之下然臣又不能無望於

召對之典焉當

皇上立極之初

首御平臺商榷機務

聖謨洋洋垂法萬禩令

鉅典間舉乃止及三四輔樞諸臣伏睹

成

祖文皇帝召胡廣等諭諸將以進言而虜寇穴以掃

遠山堂抄本

孝宗敬皇帝召劉健等訪兵部之將材而夷氛以靖此
皇上已行之盛美更祈
率繇於無疆況東西多事之時正猷替靡遑之日伏
乞
皇上遇大政大議
召九卿令之從容陳説有若古之吏日宿直以次轉
對再復記注令之所見必書有若古之右史記
言左史記動并及科道令之因事糾正有若古
之中書議事諫官隨之自是

泰交洽於地天而

顯烈鴻猷青史在指顧之頃微臣款款之愚實有見

於抄傳

召對之二事皆以廣

皇上明目達聰之用開群臣奔奏禦侮之忠底天下

蕩平正直之路乃敢昧死上言不覺字踰限格

仰祈

聖明鑒宥臣無任懇切待

命之至

遠山堂鈔本

低一字

崇禎五年六月初九日具題十二日奉。

聖旨言官留心兵計自可攄悃陳謀豈必盡藉塘

報邸抄前諭該科接看本章正令詳審諮畫原非

緊秘示疑令後除密切事情外着照常發抄至召

對朕自裁酌舉行不必陳請該部知道

貼黃

該臣恭繹

聖諭以事關軍情者令科臣看詳其本不妨抄傳其

本不應抄傳令各科臣奉行太過緊多禁止以

臣之愚惟恐臣下箝口道路訛傳蕪之邉臣豢

蔽伏乞

勅下該科申明

前旨至於諸凡塘報章奏苟非密切機宜并乞照㕥

科抄而

召對之典更乞遍及九卿記注科道盖仰見戒

皇上聖神文武敢陳以爲

闢門訪室之助統候

聖明裁鑒施行

遠山堂抄本

刻

請飭宣
聖知
武備
疏

福建道試監察御史臣祁彪佳謹
題爲疆圉孔棘飭備宜周懇乞
聖明特加詳酌以壯
皇猷以明
國法事竊照宣府古雲中地也川原平衍一墻之外
便隣虜穴自俺荅求封受我戎索把漢争立插
酋收之邊臣歲以講款爲處不務修備之實蓋
兵不知虜人不知兵數十年於兹矣今撫臣易
置之日正將吏觀望之時亦正文武振刷之會

最宜毖後懲前從頭徹底何以使獨石等處大邊廢墩一百三十餘座近来班軍所不赴者應時而修築何以使餉止七錢缺且數月鶉懸鵠面之譏軍不至呼庚而呼癸何以使一百三十萬之京運三十八萬之民運逋欠者逐漸補還何以使年例之熟鉄硝黄足供軍需而不至動呼籲於水衡何以使缺額二萬五千餘之馳馬盡以上駟資騰驤何以使馬料和折之不便而復為打青之良法無恃奴去奴可去亦可来無

恃插款插可款亦可叛倘一階蹤虞一刻怠緩

則

神京肩背實可寒心𢧐臣所慮不止此戎不惜移遼

賞之三十二萬盡畀虎墩盖以其作戎藩籬為

奴仇敵耳兹插擁四十萬之衆奴馬一嘶萬帳

遠徙則平日所為聲言𢦦奴者安在而令奴既

遁歸插又踵至拒奴便怯索賞便強則將許之

乎抑拒之乎是不可不深長思也然臣所慮又

不止此三十六家原屬款邊部落革以為插所

驅乃遂受奴所豢聞其饑困日甚惟金繒是圖
此番窺望故巢未免垂涎舊賞設復陰則扶奴
爲重賜以守口爲名在虜爲饑鷹之附在挿爲
犬骨之爭則將許之乎抑拒之乎是又不可不
深長思也是在
簡任新臣要以實心圖戰守用二虜爲奇間之謀又
在當事諸臣勿止全力注薊遼視宣府爲可緩
之地此臣所以於危疆震驚之後爲戶牖綢繆
之防耳至於原任撫臣令逮問沈棨者其心計

精神徒矜於金錢之節省半耗在撫賞之研磨
奴之來也既不能挫其前鋒奴之去也復不能
邀其歸路方其逞
天肆譖便當斬使焚書何乃莫展他籌徒爾倉皇犒賞
皇上責之以擅責之以專此其萬口不能解之罪即
沈棨之不敢避擅不敢避專亦其萬死不欲白
之心初則思惟徼幸以活宣雲百萬之生靈今則
有束身以聽
朝廷三尺之法紀是初原於

天威無損令且於

國憲益彰但此關於一臣之處分者小關於我

國家制馭夷狄之機宜者大關於定一臣之處分

者小關於我

皇上操縱邊臣之方畧者大似所宜共質之盈廷不

止在對簿於獄吏伏乞

勅下九卿大臣詳參沈棨罪狀確議善後事宜必使

極敝之邊境屹成不拔之金湯即此一事而九

邊咸稟

淵謨即此一邊而四夷盡懾

神武矣臣愚昧上言誠以

飭法振威在此一舉是亦犬馬報

主之微忱夢寐食息不能自已者也不可勝隕越待

命之至

崇禎五年七月十七日具題二十三日●●●●●奉

聖旨沈棨罪狀屢旨已明祁彪佳既稱宣鎮飭備宜

周何又曲爲寬解本當究治姑念新進未諳著

罰俸三個月該部知道

低一字

貼黄

爲彊圉孔棘等事竊照宣府重地邊備久弛今正

當撫臣易置之時一應兵馬錢粮邊墻器械政

宜從頭整頓至於駕馭插酋處置屬虜夷及逮撫

沈棨罪狀俱乞

勅下九卿大臣詳叅確議務使危邊立壯金湯四夷

盡懾

神武謹題請

旨

刻

請寬草場失火諸臣疏

江西等道公疏

題為草場當意外之變諸臣有可原之情謹合詞

懇請伏乞

天恩矜宥以彰

聖度以勵臣忠事項者草場失火蒙

皇上切責在事諸臣逮科道監督馬思理高倬王瀹

初江之遠等同時下獄臣等相顧驚愕莫敢一

言申救蓋以東芻東楚軍需在焉雖估計僅數

千金不知費京民幾許膏血而一旦煨燼倫崎

公疏三

奚賴在諸臣即奔救罔後而徒突無功職掌所
關即法紀所係臣等安敢輕以
國儲付一擲而重爲諸臣求
寬息也既而思之
雷霆無竟日之怒
帝王有祝綱之仁乃復細察當日起火之因及載詳
諸臣獲戾之自則有不得不合仰籲
聖慈懇祈
膚鑒者爲謹按各㕑牧馬草場自改爲折徵乃始召

商派買向來則以閲領費浮當商人疲累之後
目前則以議改官買又商人觀望之初辦納之
遲所繇來也扵是以令届期暑雨交作我
皇上齋宿
文華
諭群臣祈禱修省誠以為數十年未有之災適見扵
今日臣等精誠未能以格
天
眚咎忽延扵峙儲因雨致溼因濕致大臣等曾聞漢
臣應奉有言七月地震其法大水極陰生陽反

爲大災雖變不虛生理或有自乃諸臣智慮寡昧實亦意想所不到以致防範有未周諸臣拊心泣血引罪省咎之不遑者在此臣等爲之一毋嚋躊躇數迴悲嘆共瀝血誠仰冀

慈原者亦正在此盖辦納稍稽罪也而災出慮表偶值不經見之霪潦則似可原辦驗不譜罪也而受事日淺遂有未抽掣之堆垛則（交代未）又似可原拆卸倉惶罪也而初之白氣如縷第以爲溫熱之蒸滲不意爲攸鬱之燎焚則又似可原其宜罪

者諸臣所不敢辭應聽處分矜

國憲其可原者諸臣并不敢白揔祈

垂照矜

聖明然臣等所以不避斧鉞冒死干請者亦以爲

朝廷之大法耳

皇上深懲情竊雖風勵時嚴而

恩波沛渥未常不在群情顒仰不及槩臣悔艾無地

時使臣工驚喜過望感服倍深此番

聖怒有赫群下已惕息震悚倘蒙

特賜矜全弘開一面使幽囚桎梏之中稍有自新之
路則民隱以惜人材亦以成且於炎歊暑溼之
令得甦
欽恤之典則士氣以培積玩亦以起臣等仰見我
皇上刑賞必當
天心
恩威上符
祖法乃敢望赦過宥罪之條於明罰勅法之際也毋查
該塲舊例凡草束已經上採出給通関者倘有

焚燬商人免賠今通関雖未出堆栥則已完當此意外究責似可量從寬減臣等深維京都根本之要圖竊体皇上軫念僉商之德意又不敢不為諸商請命鑒裁施行臣等無任戰競籲禱之至

崇禎五年七月初六日具題初九日奉

聖旨已有旨了路振飛等不必合詞申救該部知道

遠山堂鈔本

聖旨已有旨了洛珠飛善不必合園中該部知道

崇禎元年七月初六日具題初九日奉

鑾輿施行臣等無任瞻顧待之至

命

皇上轉念念無窮之德意又不敢不為請商請

京都根本之要圖籍体

此意外更請敕河臺從寬處臣等深維

撰機宜以美賜令通閲諸本出唯樂聞則已寔[illegible]

刹

陳諸臣隱慮疏

偹察羣情深切隱慮疏

福建道試監察御史臣祁彪佳謹

題為偹察群情深切隱慮謹陳愚悃仰光

聖治事臣維

帝王秉乾膺籙凡大臣小臣文臣武臣外臣內臣皆使之各安其位而後有以各盡其心使之有不相借之事權而後有可獨責之成績若越俎而問庖便有曠官而怠事若瞻顧於官守之外便有闕缺於官守之中臣竊慮之敢畢其說臣聞書稱克艱詩著靖共盖匪爾是在大臣而曰敬

遠山堂鈔本

曰禮則任屬乎
君父適來大僚諸席或令再推或點陪推在
皇上原出慎重用人之意在臣下不無未蒙見信之
疑至於六卿九列之長
詰責時聞引罪日見因而覺有急遽周章救過不遑
之景象即不謂盡蒙飾以解罪亦未免欲脫郤
以潔身近日原任憲臣陳于廷以
四
朝遺老旦被
嚴譴疲驢破帽出

國門矣雖進退予奪盡見
天恩惟是稍於
國體有傷不無人情微鬱且竊恐當事諸臣皆怵
於
嚴旨冀以迎合揣摩善保名位則未得其振勵之效
反滋爲悠忽之圖臣所慮於大臣者此也諸司
百執事皆
皇上所蘄標進之令其奔奏禦侮者也乃諸臣過誤
相仍自武闈數案以來或沉孤影於山林或泣

寒風於犴狴漸至人多畏事不知厚禄之為榮
念本避難反借高名以激去此世風之極獘士
氣之堪憂者夫人材有限中下半衆非藉
皇上感發其忠義則鼓舞以功名今有一二考之方
伯尚滯迹於外藩十餘載之臺員竟懷憂於維
谷甚則餉司輪遣差規欲改夫三年劇郡又虛

曹郎竟難於一轉而司道有司又或以
欽提之波累蹤人錢粮之轉觧未到降級住俸十
居二三臣子精神才具必其稍有餘地而後可

以展布發舒若復迫於
功令必至苟且支吾急功赴名之心不勝其檐罪
匿瑕之念矣且也自便之私固宜去止足之義
亦宜明今一番陳請一番
諭留定之請者若無解於託詞留之亦將仍為格例
遂有真若真病不得省子舍而正首丘者臭臣
所慮於群臣者此也我
國家武功造邦高出千古然當時如徐中山輩皆
讀書守禮有儒者之風而諸凡跅弛不羈之士

則必謹其銜勒而後使詐使貪皆得其一臂之

用

皇上聞鼙而思將帥之臣寤寐求賢同符

祖倘得真正英雄即推轂設壇夫豈為過但仁骫髓負

俗決不肯俛仰司馬之門若必依序循資則雖

冒濫之賓可清似亦獎拔之術未盡至於軍

國所關莫漕運為大目前舊漕既竣新運方行而

流賊漸入中州蠢動更憂漕濮一綫輸輓阻塞

可虞諸凡回空之債催水次之兑發過淮過濟

之限單事屬官旗全須催督若一幇之遲誤一
程之稽延必待叅題奏
聞始能挽遲爲速則恐曠日既多誤事不小臣所慮
於武臣者此也
皇上深懲積瘝
特遣内臣然必棲別出於不意奸弊乃可無遺若撫
按之事多令監視會同則恐同罪同功反使互
蒙互蔽開水火之端其患題啓交結之漸其患
深即如叙功係能薦及督撫藩臬事雖爲公迹

遠山堂抄本

亦當避近日京營操練復
遣七人夫虎旅赴桓
皇上誠以重干城之寄但驟列多員叅分閫令竊恐
外間諸弁自好者不免因之以卸責不肖者遂
至借此以趨承蓋當人心警惕之初正不妨於
立異第恐情向習熟之後馴且至於和同臣所
慮於內臣者此也伏乞
皇上俯鑒臣愚
特賜採納寬之以任使之途皆俾其竭忠於職業嚴

之於、等制之辨。正所以鼓勵夫臣工賢材自是群策

畢集。

謨烈無疆。外攘內安。

治隆堯舜矣。臣無任懇切悚惕之至。

崇禎五年十月初九日具題十三日奉

聖旨臣子私諱在靖共若比徇欺蒙積習錮沿豈容不

懲儆釐飭如各官不思改圖仍然玩泄規卸你每

科道官即當指實糾參有何隱慮至漕運事宜及

特遣內臣屢旨甚明祁彪佳何得任臆瀆陳姑且

遠山堂抄本

不究該部知道

貼黄此後不錄

該臣伏慮大臣林於

嚴旨恐其依違兩可益無當於

聖心小臣迫於

功令恐其苟且支吾必有缺於職守臣又慮運弁

或有衡法漕運恐其稽遲監視每多會同情面

恐其習熟此臣款款之愚敢以仰佐

廟筭伏乞

聖明省覽施行

聖明俯賜施行

初

陳三大要四大勢疏

福建道試監察御史臣祁彪佳謹

題為坐致海宇之太平在提挈天下之全局謹陳

目前三大要四大勢仰乞

聖明申飭責成以張撻伐以回

金甌事竊惟今天下亦多事矣而臣以不足憂也有外懼方有内寇

天閟毖我成功所（所憂者在）夫固敷賁敷前人受命而大奉之於

皇上也但今日有一番蠢動便有一番張皇有一處

震驚方有一處布置纔有事便言募兵乃兵募

遠山堂抄本

而餉則吾不繼纔用兵便請發餉乃餉發而兵
復吾多譁不無襟捉肘露之形且有朝不及夕
之慮夫亦合籌其全局而坐算於
廟堂可予臣所謂三大要者奴（戎）揷孔賊是也所謂四
大勢者秦晋中州之流賊江右楚粵之山賊浙
閩廣之海賊黔滇湖蜀之土司是也枙大要者
在離彼之交聯大勢者在合我之力何以言之
夫以奴（戎）之狡我不可以力鬭也思所以制奴（戎）者
有用虜（夷）用揷之二着而尤莫急於揷盖虜（夷）附奴（戎）

用之固為奴肘腋憂但恐奴暱虜甚反借虜以窺我足慮也若插與奴不兩立華在我無所以惧插插之怯猶故耳欲惧插必奏卜什諸部使伺插插不得安套之巢穴則必且搖尾而乞憐於我我因激之且餌之使嚙奴奴必懾伏不敢動即動而鬩鬪漁人之利在可收也使套插貳則插必洩忿於奴使奴插貳我不特可得志於奴兼可讋服於插夫宣大之賞卜虜所有也插奪焉奴且垂涎焉而虜復不能不徘徊於去就

遠山堂鈔本

馬援之以骨衆犬信猜則上谷雲中其爲虜所窺伺往来也必矣乃邊墻之類薄如許士馬之饑弱如許欵不足恃將言戰戰必勝乎是則宿重兵以懾叵測當不在三協下也臣所以策奴揷者此其一自叛賊困於登城而孔渠之首亦人所欲因以爲利者也誠使我有以間之賊雖黠必内自疑内自疑必互攻殺兵法所謂多方以亂之非乎間有更端或貰其脅從而下之令能開門者與戰勝同賞或得其僞將姓名故

作内應之語使賊聞而猜忌起衆不得安或旦
則緩攻夜張大數數驚之或以偏裨用黃龍文
書旗號陽與之通卒然入島又或誘之出而四
圍殲之賊之亡也日可俟也否則堅城之下仰
攻為難露處之師宿飽匪易不特賊為虎嵎即
島獸散而東投島則恐勾奴西陸走則恐合寇
南下則侵淮右北上則震天津蔓難圖矣島帥
黃龍初慷慨拒賊今欲資其一臂力不可得且
與之餉不受臣則有以料龍矣夫龍能必島人

遠山堂抄本

之不從賊也不能必島人之截賊且攻賊龍不
能遣島衆心而逐不無倚賊爲重之念則遣一
人以監其軍庶幾功收控扼令賊不得與潮汐
相上下夫勝兵易驕老師易竭
皇上念東征勞苦
錫以挾纊之
特恩臣更願於雪夜冰天本地方時設牛酒之慰勞
至於解菜復黄
賚叙宜早凡所以作其氣而衆心可成城也臣所以

箕孔賊者比其今夫蹂秦躪晉飄忽於中州
者非流賊也耶散党藏渠之
明旨秦始終遵之而以次剪滅矣然使去賊歸來之
窮黎半菽不飽一枝莫棲展轉無聊必復去而
為盜耳計惟有所以安之安之或以蠲或以賑
而首在實之以土地歸之以屯堡聯之以保甲
誠俾其樂利之心足以奪其趍死而兵可鋤剟
可犢也目前賊返晉以晉尚有野掠且清化一
搶飽其欲以去故暫伏山中護其子女玉帛耳

遠山堂抄本

太行之險九泥不封則曠野平原孰禦其逞臣竊憂中州之賊不終去也今日標兵毛兵與夫左良玉新調之兵要在統轄歸一合練之以成勝兵蓋當賊散走之後便須分應而窮其歸在賊竄伏之時必先合練而壯其勢若夫人自爲戰家自爲守又非鄉兵不可中州之民尚勇而好義以公鬪則強臣父先臣承㸁之備兵河北也以十法鼓勵之迄得其用聞此沓賊棄修武睥睨懷慶不得逞鄉兵頗有力焉但使中州不

必内自顧而以其餘力合三秦則晉賊乃可圖也今夫奔東突西盤據於虔地者非山賊也耶幺麽小醜楚粵迫之則西流江右逐之則東去亦易與耳何以尚煩掃蕩也則窟穴之未清也先臣王守仁平桶岡三浰建和平崇義諸邑斷賊之臂脇利賴於今臣聞九連之爲山非盡絶壁天險地不毛而人獸處也蓋可耕可鑿可栫戢而衣冠之也誠擇其沃野立州縣險隘者創寨堡因其曲折而井廬之以其租稅入縣官充

遠山堂鈔本

兵餉括峒民隸尺籍練為兵漢臣所謂戍其地即用其地之人也其野即食其野之粟也如此而再以楚粵江右遙壯聲援處撫練強卒三千人不葦心者殺無赦臣未見一隅終同化外也至于海賊則異是滄波碧澥之中風帆瞬息彼之所稱為老而雄黠自命者多奸民非茀饑民也十年以來流毒於閩肆蠹於粵今且壑於[illegible][illegible]浙矣賊以舟為穴以風潮之順逆為往來必不敢舍舟而深入舍舟而深入我堅壁待之一

面遣驍卒焚其舟賊窮矣然内地之布置不可不密

國初寨遊衛所星羅碁布綦密矣而亦有以時為因革者如臣向理莆陽莆之湄洲遊宜復三江口宜守臣曾條列其便當事採焉即一郡而沿海之銃臺宜築内港之地釘宜多海口之石墩宜立者不知其幾柰何不圖所以不可敗而小逞輒大呼粵恃一鄭芝龍也閩恃一鄭芝龍也驅寇一芝龍也諭夷一芝龍也芝龍即果忠勇

遠山堂抄本

非跋扈亦豈樓船將軍遂無可以寄長城者乎夫紅夷能水鬬不能陸處即其大舶如山能遊移外洋不能拋泊内港無足深患所患者在内地奸人勾引之接濟之耳禁勾引禁接濟不可與禁開洋同日語也因闌出之爪酒并杜有票引之商舶是因噎而廢食也乃若開洋又不可與採捕同日語也閩地窄民稠民依海為田八口之家終歲之衣食於漁焉資之漁一禁湧民有坐槁耳然海賊向止劫貨今并勒贖矣向止

擄人今并奪舟矣漁民受禍慘故積怒深其怒可買而出歿波濤之胆力更足用也則莫若以保甲之意行以部署之法而練之為漁兵其法以十舟為艅立什長十艅為甲立百長團漁民之信服者為義總出海則絡繹而行遇賊則合艅而擊又有澳民之一議在其議每漁民二十人作二十一人分漁利而以一人之漁利充兵粮每漁船二十隻作二十一隻分漁利而以一船之漁利造兵船以殷實者董成事防官華為

遠山堂抄本

籍其數辨驗其器械勿擾焉隨漁舟所之而往來應援獲賊以官兵之賞賞作奸以治官兵之法治借其自衛之私壯我水犀之氣此臣向日小試之而有效者似足為籌海助也至於土司則又異是卉衣酯食刻木吹匏之俗易動而難安者也每觀我之重輕以為向背是以文德誕敷七旬而有苗格歷代以來羈縻勿絕然我固不可挑之使瑕亦必有所以讋之使服普逆言撫已來彼曰撫我亦曰撫乃攻禄洪破甸尾目

中已不知有漢法。烏在其為撫也。今幸酋戮矣。
然戮酋者。其妻其子。其黨與也。我未聞有斬関
堕城之先聲。足以覆其謀。奪其氣也。況又有陽
為討逆。實肆攻侵。如酉陽土司者乎。夫貳而執。
唯
朝廷之命。服而舍。亦唯
朝廷之命。安可以興師問罪。大義滅親之名目為
婦監假而俛逆俛順。致我不得以一介問也。此
其漸可長乎哉。今酋雖斃。善後尚須處置。必如

遠山堂鈔本

黔之撫安位者約之以四事拓地千里而後東
南不屢
聖明顧也至于永順之事亦當速爲處明決無隣境
土司可以哆口角力之理在此輩怒獸喜人何
足深責唯是
中朝制馭之體不可不明震疊之威不可不立況
二酋者又諸酋所觀望以叛服者也而磬控何
可不得當也總之上兵攻心
王師無敵蠢動逼於疆域分其勢以戡定則難籌

策運乎

天心握其機以消弭則胡奴捶蠕蚌之勢成而犁掃

有日孔賊遊魂之地窟而獻馘可期殺賊必先

安民善拊之而斬揭皆吾赤子原無取於今日

報級明日報俘馭夷首在強我善操之而鱗介

亦可兎褎又奚得以氣盈言戰氣竭言撫此之

為伐謀此之為戰勝其以救延天下有餘矣乃

臣更有根本進一籌則戢兵是也今天下蒼生

苦盜而苦兵殆不甚於盜蓋不練之兵畏盜而

遠山堂抄本

不戢之兵且為盜夫至民不若盜而若兵則盜日衆兵不為兵而為盜則兵日驕前此山右諸卒淫殺類於夷虜〔寇〕而今二東之所與我敵者固我所十年豢養衣租食稅之兵也而何以至於此極也則戢兵正強兵之術也臣請更為銷兵之說而戢兵又其後者夫兵何可遽銷也亦思所以實衛所者而已矣

太祖高皇帝曰吾養天下兵不費民間斗粟惟是有一衛即設一屯以屯畜軍而軍不患於乏食即軍

廷食而民不患於養兵即古所謂蒐狩之事寓
之井伍軍旅之詰屬之司徒行之萬世可無弊
也自衛所虛而客兵日益增則主軍日益減兵
粮日益冗則屯制日益湮夫主者之軍不若兵
之善逃且善譁也第恐不任戰耳然顧亦鼓勵
之何如安見此中遂無超距而動言召募召募
起驛騷隨之矣誠以京營之簡選壯者簡天下
衛所以京營之練選壯者練天下衛所則練一
衛軍可裁一募兵矣練一壯軍可汰五冗軍矣

兵益臧則餉益饒餉益饒則兵益強又何煩大
農之輸輓半天下且日憂匱之哉臣蒿目時艱
謬陳芻見伏乞
皇上俯賜
裁擇睿覽倘有一得可採
勅部覆議
上請
裁擇施行至於事煩語瑣字踰限格併乞
聖鑒臣無任悚慄待

命未至

崇禎五年十一月二十日具題二十五日奉

聖旨該部看議具奏

貼黄

該臣目擊所在兵興上煩

聖主宵旰乃各地方平時未見布置有事動輒張皇

請兵請餉反滋驛騷臣愚思欲合籌其全局戰

勝於

廟堂是以謬陳芻見條爲處置奴揷孔賊三大要流

遠山堂抄本

朝堂賊山賊海賊土司四大勢而重以戢兵實軍之

策仰乞

聖明採擇施行天下幸甚微臣幸甚合壽其全旨撫

聖主酌奸巧各地方平時未見布置有事動輒張皇

該部同擊所在兵興上頒

撫賞

聖旨該部看議具奏

崇禎五年十一月初一日[illegible]十四日具題初十五日奉

劾

參留都樞臣疏

福建道試監察御史臣祁彪佳謹

題為

豐鎬綢繆宜預留樞鎖鑰攸關謹據實糾參仰祈

聖鑒事頃臣條具三大要四大勢目擊海內所在兵

興惟是

留都尚稱安土乃今深察情形殆不能不鰓鰓焉

江以南財賦之區也俗尚華靡民喜語亂近來

赤地千里苗黍焦枯況且逋賦繁多追呼敲朴

髓乾皮盡人鮮樂生吳中之罡惡太湖之盜魁

遠山堂鈔本

劉家河等處之沙賊與夫不耕不鑿招摇樂禍
之巨奸實繁有徒眷〻思動此江南今日之情
形也江以北四戰之地也民尚氣而土瘠往〻
輕去其鄉近來陽侯肆虐大浸稽天決口不修
室廬昏墊加以東叛未殄淮楊震鄰向之結寨
秦郵攜官刼印者旋雖撲滅而通泰之鹽徒髙
竇之饑民與夫開礦燒窰藏池閒伏莽之山賊伺
間抵隙耽〻欲逞此江北今日之情形也若
陪京扼江南北之要衝為字內一大都會近亦六

街蕭條百貨騰踴雖倉庾稍裕於向年訟獄少
衰於比日然人情多變[詐]物力未充軍丁之糗餉
曾聞武生之把持漸見乃操臣練卒原不滿新
舊五千人沿江戰舡前止存敗舟數十艘即頃
者豫章抽調之疏便可見比地單弱之形為之
南樞者顧不亦任重責鉅而今之樞臣傅振商
何似也泄泄成習夢夢為心當其撫虔也寇氛
之醞釀已深任方離而賊遂突發於一旦河稅
之誣參實甚知縣死而客乃義刎於屍旁及於

遠山堂抄本

筦樞

留都謂宜如何振飭。聞其情牽詩酒之塲，日以翰墨為事。兩花墅子恣彼登臨，清客山人憑其假借。臣猶未敢遽信也，即就章疏之中，儘有伎倆可見者。

南京五十二衛，凡僉官僉甲，實多差貧賣富之弊。端。漕臣李待問，不得已而改屬刑廳，振商輒盛氣以爭。漫言相詆，盖明明職掌也，不移時而科臣郭建邦叅論陸時選壞運受賕，可指而數。問時選何官乃即僉官之武選郎也職掌安在哉問誰為堂官陽借舊章陰庇司屬者振商也伏讀初則有李待問具題欽僉時傳振商等不即奏明後則有旗甲不即早僉濤臣豈能緩待之

明旨則振商明職掌乎隳職掌乎至以八萬五千之額軍僅存四萬餘耳直待主事陳鍾盛極口空虛乃始漫議勾補時已決歲今方云胥吏抑勒有五百軍之未收粮五閱月之無通狀不識南

遠山堂抄本

樞之事椎何若胥吏之神通何如乃徒村之曰若而病矣

國家之事豈一番浩嘆遂可已耶試即其所條覆者一詢之馬商之剋落果能盡杜而把總之自行收買者皆騰驤乎衛軍之竄操逃運者果能按祖籍而一無規避乎衛弁朘削之積習果能一洗而黃選之時皆廉謹之華乎若猶未也謂宜如何整勵而乃於引病乞身之章反作誇績張功之語即其所以自詡者亦平平無奇似更

有所以尤人者而刺刺不已疊繹
聖諭一則曰南都武備久弛再則曰南京武備久弛
睠然
南顧深切根本之憂而爲之樞臣者方且言勞言吾
置其身於似推似任之間竊恐覆餗之譏伐檀
之誚追君爲振商言之矣伏乞
皇上俯賜
鑒採於南樞臣傳振商或責成以勵其榆收或罷歸
以全其末路庶重地賴有藩垣臣工咸知警策已

臣無任悚息待

命之至

崇禎五年十二月十一日具題十七日奉

聖旨南都根本重地詰戎慫倫全在樞臣傅振商受

事已久未見作何釐飭振弛實在這所奏該部看

議具覆

貼黄

微臣竊以

留都重地鎖鑰最宜得人今樞臣傅振商遇事不

能擔當動輒尤人詡已即以僉運補軍數事楼其整頓若何便已知職守多虧任使無當矣伏乞

皇上鑒株或責成或罷歸

立賜施行

遠山堂抄本

臣奧士林恩衍[illegible]
命之至。
崇禎五年十二月十一日具題，十七日奉
聖旨：行浙撫按重加詳覈，以總[illegible]在籍臣僚傳旅商查
之，總寬行來文有何違礙，據也曾在逃浙大部咨者。
皇上鑒林汝貴汝炳羅歸
這[illegible]
其鑒前去何便已知，職守多疏，任使無當矣。伏
臨據當勛輾大人論已，即以余運補軍數事按

十 刻

請恤萬民疏

敷陳民隱疏

福建道試監察御史臣祁彪佳謹

題爲仰體

皇仁敷陳民隱事

特賜寬恤迓春和之滋至永

泰運於無疆事臣竊聞孟春之月

天子居青陽左个迎春東郊凡蠉飛蠕動蚑行喙息

無不飛躍於

化日光天之下倘一物失所

聖人念之況此兆民實爲邦本我

遠山堂抄本

皇上齋居步禱
精誠上格
天心發籲蠲租
德澤下逮民命
如天好生同符堯舜矣乃
天高地厚尚有不及照徹之寃情蔀屋窮簷儘多無以
自鳴之苦狀臣以為百求其興利不若一與之
除害也空言不可繼之蠲賑不若實圖必當去
之蟊蠹也盈當

春王六紀正
皇上布德和令之時臣敬以民間十四大害亟望
聖明垂軫者齋沐陳之
一曰里甲之害夫自一條鞭之法行一應差傜
咸入正賦官自收而官自辦安所得里甲用之
也乃今僻邑遐陬公然僉派歲節之餽送過客
之供應新官之鋪設軍户之起解事無難易槩
令承當且也官用其三下費其七泥塗暑雨勞
苦固所不辭狼籍饔飧費累豈能自給至於解

遠山堂抄本

銀一差尤所稱困發領之際吏緣爲奸起解兑收賠折無筭更聞有發與空批令之墊納在先索補於後每當此役多至傾囊是以臣同官李日宣用官收官解痛革中州之弊端而無如別省之錮習何也里役不任遂轉包於積奸而賠累之貲則直派於花户每見一圖一坊私派以數百數十爲率併至花户亦不任而田畝詭寄之奸生焉夫用一緩二尚吾民窮今則差徭之外復有差徭賦歛之中重增賦歛矣

一曰虚粮之害虚粮之害有三一在奸民之飛灑蓋有户不挨甲〻不挨里〻不挨郡邑之總有司弗核額催徵胥吏乃恣意攤派蓋粮道之易知則例小民多未見聞弗攄縣符便爲實數遂致貧户反溢徵數倍豪家乃坐享餘租此飛灑之弊也一在窮民之逃亡近來害盜害突遷徙載道乃丁粮缺徵責償同里民力已殫徵役未寧於是富户亦化而爲貧土著亦化而爲客此逃亡之弊也一在孱民之賠墊有等户產盡

遠山堂抄本

廢戶粮猶存彼買産之家視若隔體而代納之
戶條於剝膚抑或桑田久已變遷而舊額決難
開豁此賠墊之弊也三者以不能耳之恐處無
可柰之地緝麻播穀盡作補賠執契括囊行復
假貸利息過重廛里雖居家室仳離老稚凍餒
悲哉赤子胥淪以鋪矣
一曰行戶之害小民以刀錐博什一夫所以為
八口計也今有司輒僉之為鋪行上自印官下
及佐貳硃票一紙百物咸輸及於經年累月方

得執票領銀猶且胥吏作奸本質十不償一夫徵貴徵賤以時消長槩曰官價已不知虧損幾何況又有所為答應上司供送儀禮名曰借辦者哉一役行催千家騷動只知阿上取媚供具惟求美觀及於事竣發還精腆化為臭腐郵亭床帳皆屬民脂舉匕盤餐幾多浮費於是每物有行每行有簿預歛銀錢輪流值月魚米菜果俱令支當屠儈酒傭皆為執役尤可恨者凡一切衙門使費亦先為坐派其中商本幾何真可

遠山堂抄本

謂削針頭之鐵矣此吾在臣鄉實甚昨曾經授
臣之剔薙亦安能洗滌遍天下哉
一曰搜贓之吾夫民吾於被盜尤吾於被拳被
盜之害在一家被拳之害在萬姓盖真正窩主
盜之腹心也竄死耳必不供所供者多鄉里富
民一咬於捕役再咬於牢頭三咬於獄卒自此
面目盃幻情景盡非矣乃有司未加詳訊先使
捕搜於是白役成群擄囊傾篋入手隨化見眼
一空猶復飽詐金錢劚餐酒饌舉村震動閭戶

憂惶及雖旋就剖明亦已家貲蕩破况且一番審鞫一番嚴刑箠楚之痛難忍今日起解明日發監顛蹶之狀誰憐及使積偷狡盜得以借囹圄為福堂恣洩仇讐恫喝閭黨而真賍偏為捕役之貲淀橐乃從高閣之束矣

一曰

欽提之害作奸犯科罪在必討乃此輩擁貲席厚便多遠舉高飛有司奉行不善片檄下拴原籍閭里盡為驚魂妻子之拘囚宜也復且旁及族

遠山堂抄本

姓旁及姻親甚則襲姓名之訛捕風捉影堕攀
噬之口索疵吹毛候訊候詳淹沉囹底代賠代
觧顛連道途因之差役百肆誅求温飽千端買
免冤則正犯之憲條未正無辜之波累多人又
有罪人未得輿攤賍以結案者盖犯家之田地
家財民間皆不樂赴買况又捏爲寄頓懸坐完
輸但急於納贖納賍不問其讐攀讐指有免爰
〻反使一鄉破邪乎
一曰被擄之苦浙閩粵沿海居民多係出海採

捕一遇巨賊擄人刦舟此時白刃在前危濤在後欲緩須臾之死且乞旦夕之生乃至官兵犁擊真賊每駕艀先逃號救之窮黎反作陣擒之渠首武弁邀功冒賞緊為剪髮剃眉累經推訊身少完膚一入羈囚口多絕粒又且語言莫辨保認無人於是真偽未知駢首就法偶有代為昭雪先多瘐死獄中間或拔身賊黨伺隙馳歸不特凴長侵凌即親戚父兄亦以為面目可憎歸路既絕從賊益堅吹浪鯨鯢所以日見其衆

遠山堂抄本

耳

一日隔提之喜大抵興詞健訟者寃民少奸民多一被訟而鄉鄰親黨托言手多方恿營干証訟師必聚而一味饕食有司復不爲以時判决使衙蠧得以緩急其間淹留歲月奔走官衙曲直未分生涯立盡矣又有無情之詞只作拖延之計多方布置冒籍他方一詞而撫按並行一人而守巡兩告此方結案彼復行提前贖未完後追踵至一遇閲提便遭顛沛牽衣訣别褁粮

宵征彼隸役如虎假狐使小民因鬼見帝念此情景寧不潸然

一曰詞訟之苦訟以平情尚不若使民無訟乃有司碍前官則冤抑不為申明避嫌疑則冨室反多陷穽奉上意則理直偏在原詞護已私則嚴刑加於越訴且也不問事情之重輕先科罪贖之多寡甚且借名於修理捐助秉之以濫罰嚴科有等上司實收未報取票已行有司怵於借支不得不嚴為追比銖銖皆敲骨剝髓之貲

遠山堂抄本

錒〻盡鬻産賣身之物夫小民片狀投官百費疊出自鋪堂掛審以至杖刑何地無鼠狐作祟自投狀買差以至發落何時非阿堵公行况於贖鍰未納而押差之需索雇役之秤頭又已倍之嗟哉民之無聊我生不辰方脫虐官旋遭勢僕寸椽天地亦被投收半子一妻皆為債佑必遣意吉便請監倉鬼鼠晝凌柝鈴夜慘老囚惡卒酷虐異常何地見天許此誣怨乎

一曰窩訪之害夫窩訪之家即宜訪之家也造

訪之人即應訪之人也乃宜訪之家應訪之人
反竄入於窩訪造訪之中得以招摇指騙而睚
眦之仇可挾也富厚之利可貪也從而說鬼說
夢無法無天有司信胥役不察而報之撫按信
有司不察而行之及於奉批訊讞惟懼妄報之
辜便以羅織為計贓必盈千盈百罪必幾軍幾
徒即此業備受羅便為豪猾長奸況於估責完
贓益使親鄰受累尤可詫者江南有自願被訪
先為吾肉之計廣行禁詐之謀谿口有靈賄賂

遠山堂抄本

惟其所欲赤身無籍賍贖代之幇攤富室必先
納之交鄉閭莫敢忤其意且凡訪察一票必有
隷役攢謀本干証而混入正犯本被害而揷為
過村執之拘提如虎斯翼指詐既飽方與見官
彼鄉民墮魄消魂尚不知禍從何始但能買免
寧顧家藏故自訪察之法失當遂有十草無留
舉村不火初則李僵桃代後乃竭澤焚林矣
一曰私税之害閲市之徵意在譏察今聞大江
以壯凡有貿易之家必待官為給帖每月一换

即納銀有差下至雞豚無一得免至僻小之邑
宰一牛亦有銖價產一物必先覩官於凡臨口
渡頭輙有少年無賴陽借牙用為名陰托巨豪
作庇橫歛同於盜刦布列密於張羅致有一果
一瓜亦遭剝奪小民孤孱不敢赤手羞歸展轉
窮愁自經溝瀆又聞沿海寨遊亦有托言盤詰
恣意侵漁者夫商販用母慱子萬死一生冒豺
狼剽掠之虞犯雪霜皸瘃之病乃鼂（蠅）頭未獲虎
吻旋吞真有兇咁徹於蒼旻痛憤切於骨髓者

遠山堂抄本

矣
一曰私錢之害私鑄之為錢法害固也而南中為甚盤踞最久窟穴已深每錢止重七分每百不盈三寸市井交易率以為常即有私鑄奸人反出控官請禁此輩乃揚言捕緝小民畏其拿訛去之惟恐不速始以十文准者今以五文賣矣乃收買者又即此輩一鑄一賣一禁一收利五六倍而小民折本則且過之竟有朝為富賈暮作丐流者甚則奸商藉口收買私錢用作鑄

本官府不察給批給文豈知公然攤放反作護
身之符也
一曰解運之害丁男紅女拮据蠶桑布縷方成
僉解隨及一切正價墊銀原已足供辦納所以
解户之困累只因官吏之侵分甚至解運已歸
前銀未領批限既迫典鬻赴都乃此中一輩奸
徒便已張吻而待一受其籠絡即肆侵呑稍與
之齟齬立見坑陷於是有錢粮已至而逡巡潛
還有身命俱傾而交納無日有前官所遺蠹而

遠山堂抄本

波及後人有空糧所未完而仍提本戶其吾莫甚於臣鄉之浙西也白糧亦然正糧二十萬外耗米舂辦竟餘九斗夫船車脚又銀六錢及於起運在途則浥爛漂没之虞種〻莫必淺剝帶磚之費在〻多端筋力盡於奔輸資糧罄於守候轉貸無路乞丐還家完納鮮資羈囚在獄所以江南一值運差便已魂飛湯火向聞有照例漕糧之議令旗軍以漕糧九分帶白糧一分加耗板席一如漕規此議不行民力益竭富家不

能承認於是僉派細民各當數分朋充一户而破壞之家較前更夥矣

一曰馬户之苦有倸馬有差馬倸馬原額三十金非不足以市駿騎何爲復僉富户反張賭買之端彼其屏息衙門屈首書吏方能半領官銀又一以供包攬之需求一以充印烙之使費矣

復有一等牙販通關說於縣官勒富户以高價一經牙販之家而錢神有靈下駟亦爲騏驥及落積攬之手則草料尅藏駿足立成駑駘一被

遠山堂抄本

駁退賠累益多中人之家所以於此立敗也在差馬間歲一僉為禍益烈每番着役萬喬俱攢預蓄數馬方當一馬之用公差驟至怒目咆哮老婦幼孩盡為執爨供應稍緩鞭朮（朴）如麻流血裂膚哀號道側猶且折乾恤馬思（畧）遠所求則馳騁無法倒斃不時恐恨吞聲暗為買補決歲之内家無不傾近日驛遞錢粮叢裁四分起解風聞壮地州縣有以四分之扣裁解司府復以十分之留站派民間且即此六分留站之中凡新

官之長夫長馬有扣
覲官之長夫長馬有扣所餘於馬戶者有幾是以僉
報及期即有闔室走匕搒身自縊良足悲也
一曰塩丁之苦四民艱難惟竈為甚
祖宗朝既與以鹵地草蕩復免其雜泛差徭再給之工
本鈔米或四百觔而給鈔二貫五百文或二百
觔而給米一石所以恤之倍至故餘塩皆為官
有私販不至盛行今鈔法不通官米無給煎煮
之地蕩多為勢力侵吞僅存者亦奉例加稅本

遠山堂抄本

利既無所資餘鹽復無所洩於是強者輒嘯聚
湖湘高檣大舸吏不敢問盜爲之囮弱者則垢
面蓬頭刮泥吸海隆冬酷暑操作其中攤曬將
成而朝夕奔波止供債質靈雨陡作則經旬汗
血化作波濤欲輸無課欲鬻無鹽司塲之比責
有加巨賈之窘辱備至且
祖制肩挑食鹽不在禁例今捕役巡司非拏獲應比則
強奪充橐不獲已而用幼子婦人竭蹶挑販取
利甚寡爲力甚勞乃言者議創新引多請特設

嵩官不知增一官即增一官餼廩輿臺之費更增一層盤驗留難斗頭火耗之陋規往見聞中團長科竈丁輒三四十金至分司到場派費更倍況於使節疊來又不知困疲何若嗟此皮骨僅存安得不急待拊恤也

以上十四條苐就臣所見且聞者言之耳天下之大生民之衆貪官污吏之多供徵求而父子生離當酷虐而妻孥弃命欲泣於淒風吾雨啼號於敗屋頹垣生作流民病為道殣真使鄭俠

遠山堂鈔本

之圖手棘貫誼之哭無聲者臣所不聞臣所不見尚不知其幾也夫一命而上俱有長育斯民之寄乃不能體如傷如保之

聖衷反以肆吮血磨牙之辣手試觀民情物力真可疾首痛心乃說者但言催科為天下吾不知任土作貢何嘗厲民若此種困痌瘝竟在供輸之外顧欲使利入貪墨怨歸

朝廷乎然而催科之帶徵預徵似亦有稍可商酌者

天

地只此財源民間只此儲蓄既剜肉於舊欠必露肘

於新供欲預措於將來反稽延於現在今帶徵

者疊進至元二三年一日而此年之比較未已

彼年之比較復催一家而此年之押差方來彼

年之押差再至絲不暇織粟不暇舂奔命未遑

耕農盡廢及於現粮開比先已田舍一空强以

殘膚硬捱刑責預徵者金花於五月起解今則

先輸於歲內大粮以秋成立限今則截數於農

帑向之寬一二分於次年今則早一二分於隔

遠山堂抄本

歲所係遲速之間不過月旬之異今乃責繩既
促輸納反難中户鬻貲耗其半直貧家求假費
其倍酬納稼烹葵無繇卒歲新絲新穀半作差
錢於是有鼓譟縣堂揭竿山谷者蚩、蒼赤夫
豈好語亂哉毛盡皮穿蓋有所不得已也今華
見各府州縣給繇開復具稱舊欠全完似為民
力可辦不知此皆那東掩西酌彼注此試按其
本年錢糧必多依然缺額參罰之法愈嚴則那
移之竇愈巧完欠之數愈混則追呼之刑愈煩

各官急

功令不能不緩拊循愛功名不能不遠民瘼即所

稱舊欠之完便可想見其百栘千敲椎骨瀝髓

之景象矣舊者補舊新者亦補舊明年爲預支

本年亦爲預支究竟只有此出孔只有此額数

地方空張嚴切之條小民徒受鞭箠之痛司農

仍不得有溢入之軍需則何如稍蠲遠年之逋

并去預徵之名只使年完一年必令盡数足額

且復多分限期使貧户得以零星湊補庶民有

遠山堂抄本

餘力以計身家官有餘地以耑撫字爲民爲
國誠兩得之乃若蠲免一事亦有可得而言往時
率蠲舊逋故蠲不在拖欠之小民第在侵欺之
奸猾前此
冊立
恩詔槩蠲新粮二分率土普天鼓舞
聖德乃該部議蠲存留不蠲起運夫止存留之内蠲
二分已非一槩之二分矣况存留者軍資兵餉
俸廩禄粮無一可缺於是

朝廷以二分蠲者有司仍以十分徵矣壅
皇恩而失民望莫此若也臣非敢於瀆聒瑣拾冗長
惟實見此時治餉治兵俱可措手倘民心一離
便有萬難收拾故亟亟以極瑣極細之情實関
大本大根之計者瀝血痛陳仰干
睿覽伏乞
勑下該部轉行各該撫按將臣所具諸害應革者實
實與革應更者實實與更更者立刻解絃而調
革者永遠立石以守使疾害去於民間則太和

長在宇宙凡此黎庶共祝
聖壽於萬萬年矣臣無任激切悚慄之至
崇禎六年正月初七日具題十一日奉
聖旨朝廷軫恤民隱屢諭撫按嚴飭有司多方撫字
都未見實心祗遵本内歷陳疾苦深惻朕念着該
部詳加看議將釐章補救事宜條奏來行
貼黄
該臣愚以今日急務莫先於收拾民心欲收民
心惟在亟除民害兹值三陽啓泰正

皇上秉春布令之時敬條具民間十四大苦及帶徵
預徵蠲免等事仰望
聖明軫恤施行使根本固則盜賊自弭民生安則夷
狄可攘謹題請
旨

以上試御史時所上

遠山堂抄本

此下實授

責在守禦先以救危夫和……

聖裁以萬年事臣當任責而持操……

崇禎六年五月初四日具題十一月　日奉

聖旨……設法捐貲有司……

旨該部看覆其盜賊本內屢奉……

據林河縣鎮題請事徧……奏……

聖明轄地方行徒根本固則盜賊自消民生安則壽

……免等事仰望

皇上東春令行時敕條具民間十四月之吉及帯欽

剳 陳吏治 民生也 風士習 疏

福建道監察御史臣祁彪佳謹
題為陞轉參罰關吏治民之大育材議謚為世風
士習之源剔蠹務其根釐奸必先於近敬列欵
晰陳仰乞
聖明鑒採以勵官方以端人品以清
輦轂臣幸逢適來
聖諭之申飭屢頒
召對之大典特舉仰見我
皇上宵旰求治之心真欲立躋唐虞媲美堯舜臣一

皇上介愚昧不能陳精一執中之典謨佐
皇上修德修政之要挈敬簡以致穆清惟竊睹今日
聖諭綜覈不效遂群言惇大不知綜覈非苛細之謂
也是在大小臣工行一事必期實有一事之益
勿以細事而忽明作之圖出一言實收一言之
功勿以近言而忘振勵之用自此事事實心言
言實際則
聖主執大象而建中和自可無為以成治若未彰綜
覈之實而徒慱惇大之名於治理無裨也臣敢

實求有關於吏治民生世風士習與夫剔蠹釐
奸近在
輦轂之下實須施行者敬以管窺所及各舉一二
事請分別言之
一司道之陞轉臣于敭歷中外固可隨職自效
然
朝廷鼓舞之術每寓於黜陟之中今自憲長而下通
如流水方伯而上難若登天京堂節鉞經年未
推邊撫南卿十不一二故方伯而至一考再考

遠山堂鈔本

馴武七年八年前路既爾積薪後來幾於累足其間振刷者武以輕黠見績庸碌者未免闒茸貽誚宼且閱歷之時愈久任事之念易灰各官建竪之途至此幾窮

歷朝久任之法當不如是久盛不變窮則思通似須以平嘗者嚴加考覈表著者設法陞遷庶仕路無淩越淹遲之病臣子絕重内輕外之思是所宜亟通者一

一有司之叅罰裁粮有數目催科有經手完解

有時候必一一不爽然後叅罰行而
功令信今則有今年之經管先坐以隔年一季之
署官徑責以全歲至未履任而督以局外之逋
未起徵而勒以截數之完甚且起解在途完納
在司而不知誤罰明知故罰者降級鐫俸一身
疊被夫責成考滿陞遷望眼幾穿於開復臣請
立之為法其法先論時日有壓徵有現徵有滯
徵皆以開徵之日為始揔算一年將十分錢粮
派入各月之中每月應完幾釐而以一季殿最

遠山堂抄本

之冄論經管有一年而換有數季而換有一二月而換分計各月將逐月錢粮派分各官之手每官應完幾分而以一任殿最之自開徵之始扣一歲之終布政司派分一歲之完欠其季屬之某人幾月尚欠幾釐報之撫按覆覈而叅罰之户部揔計一省之完欠何項尚欠何數何欠應責何官告之

皇上分別而懲處之有司不至以後人代前人之愆該不至以舊逋并新逋之罰重征私派弊可不

仍挈領提綱法莫此善是所宜酌議者一

一謚典之數實頌者易名之舉

皇上毅然

勅行此正人心振勵之會臣愚以謚典之議不外理學事功事功皆赫然可紀自足不磨若理學則所重在實踐躬行闇修默證蓋必考生平有不流不倚之操持而後著述不論於章句在天下有立懦廉頑之節槩而後經濟不涉於迂疎苟於此審察不精恐真儒未易表見臣請舉一人

遠山堂抄本

以爲式則有如原任户部侍郎周汝登者身有
難進易退之節學以明體達用爲宗其所著聖
學宗傳四書宗旨諸書字字抉聖賢之奥言言
作後學之模似此易名方爲不愧方今人鮮特
操士多詭習皆緣性命之學不講故廉耻之維
不張表章一汝登而海内清風勁骨之品必且
有出而應

聖主側席之求者真世道之大幸也是所宜詳覈者

一

一人材之作養微臣恭繹
聖諭深有見於蒙養之宜端然現前豈無材成業就
堪爲棟梁圭璧之用者乎臣請如
皇上御極初年選貢之制稍加恢廣令各該學政官
不拘廩增附生精掄極選重德行合以辭章必
得文行兼優郡邑共舉者大縣三四人小縣一
二人充入兩京太學與現在監生一體行積分
之法自有英才輩出副不拘資格之
明綸乃若文體

嚴飭昭於日星操觚之家定無不馳驅是範但文章
不外奇正兩端真奇者原不離正能不詭於正
以為奇則必有才有識之士不可與險譎同語
也諦奇古而得庸腐其病正與險譎等耳今者
賓興期近恐各考官避磨勘之過嚴竟使屈才
以就格不肯挾網以憐才將拘局其規繩罔顧
神理必推敲於字句遂累全文庸腐倖收英頴
見黜甚非所以光文運也是所宜推明者一
一

都城之包攬今日前件錢粮督責於撫按有司是矣不知上呼之下應之乃有所為中格者則此中有等奸徒凡遇文之役解運之官初入都門茫無着落必為之多方撹攬一股包承包遞文書則曰走部包納本折則曰攬頭此輩或家為歇店或自襍吏胥上下多為関通緩急惟其操縱以致前件經年而不了錢粮歷歲而不完皆其為之祟也是宜所禁革者一

一

都城之舊商我
皇上軫念京商改為官買遐邇騰歡乃僉點之初皆
屬殷實之富民正欲脫其賠墊及疲累之後半
為積年之包攬反思戀其餘羶故正商革而此
輩偏有充入牙行投為經紀或客貨而托名囤
放便圖扣其牙錢或執領而代為投官駁盜復派
之使費將來勒騙販商局領官銀勢所必至夫
官買之法必令價與物恰相符官與客商為市
安所用一輩之人乃使蠹穴於其內乎是所宜

釐剔者

一

都城之奸盜古者徙富民以實

京師原為根本之重計不知何故而數年以來凡

流商土著盡屬蕭條向有餘貲今無擔石以致

遊手之輩皆無托足之區衣食既絕盜心遂生

故有朝衣冠而入市暮盜跖而穿窬攘竊蜂起

職此之繇更有一種窮棍惟事拿訛兇毆則一

呼成群碎骨裂膚而不顧健訟則滔天設局把

持指許以為生臣惟居民無飽煖之恒心則盜賊無衰止之良法詗梶無禁戢之嚴令則民間無安生之樂思是所宜深計者一

一都城之叅送此間五方雜處凡禁奸戢暴屬在五城乃事關重大者叅送刑曹則皆雲南司之事閭邦禁之政正在慭嚴惟是該司獨多滯獄盖五城詞訟朝而提審夕可盈家一叅送則積久歲時未免波連犯証故差役之需求至該司而

獨橫吏書之項首至該司而獨多是皆因本司
郎中張景韶者漁獵最巧箠楚橫加
都下之民怨讟載道豈以
首善之要地刑獄之重司乃使猥瑣之徒得以緩
急任意是所宜處分者一
已前四款臣不敢以近言而忘振勵之用也已
後四款臣不敢以細事而忽明作之圖也揔以
直舒其實言期於各效其實事夫以我
皇上凝精上理慮周天下寧有開之以功名之路而

人不勸束之以畫一人之令而人不懲端所好
枀人材士氣而竟無雲龍風虎之從剔其奸枀
輦下國中而尚有晝見宵行之事者乎則臣言雖
近臣言之事雖細或亦綜覈之中不廢且枀惇
大之道亦不違也俯竭其愚不避嫌怨伏乞
皇上鑒裁施行臣不勝悚息之至
崇禎六年二月二十六日具題三月初一日奉
聖旨內外陞轉均宜確覈才品若庸碌監司豈應久
任該事併選舉德行釐正文體慎重謚法詳查考

成俱有關吏治人材該部酌議具覆都城奸宄叢
生商觧良民多被擾害即看城捕及緝事衙門嚴
行訪拿究治張景韶漁獵簒楚併吏書差役不法事
情還着郝彪隹指實具奏該衙門知道

貼黄

該臣以吏治民生世風士習之所關條爲司道
之陞轉有司之叅罰謚典之覈實人材之作養
四欵又以剔蠹釐奸必先
輦轂條爲包攬舊商奸盗叅送四欵伏乞

皇上俯垂鑒採其周汝登

勅行議謚張景韶併

賜處分謹

題請

旨

福建道監察御史臣郝彪准謹

題為遵

旨指實具奏事臣於二月二十六日具疏為陞轉參

罰関吏治民生之大等事三月初一日奉

聖旨内外陞轉均宜確覈才品若庸碌監司豈應久

任誤事併選舉德行釐正文體慎重謚法詳查考

成俱有関吏治人材該部酌議具覆都城姦宄叢

生商觧良民多被擾害即看城捕及緝事衙門嚴

行訪拏究治張景韶漁獵簽楚併吏書差役不法

事情還看祁彪佳指實具奏該衙門知道欽此欽

遵臣伏讀

會典所載內外大小衙門官員但有不公不法等

事在內從監察御史在外從按察司糾舉况今

聖明在上百度惟貞爲臣子者正宜洗心恪職共佐

時艱於此而猶手一錢輕一命真名教之罪人

也臣所以糾及張景韶者蓋以刑曹爲天下之

平該司閲

畿輔之事乃使其以覔途之豕爲攫食之梟出入

得以任情操縱，皆非無意。臣竊憤之。伏蒙
皇上令臣指實具奏，仰見
聖神之鑒照及隱微。臣敢以平日所確聞者詳悉陳
爲。如李三榮以逼死三命擬斬矣，以一百二十
金之入湯請開釋，後爲刑科駁回，三榮畢竟典
刑。此銀曾否退出？過付者周培孚，該科之原參
可查也。如何朝宗以犯官既秋決矣，餘贓未完，
有節省之銀原可抵補，籤拘家屬勒要二百餘
金，方許前銀相抵。家屬若無措辦，乃堂官令之

遠山堂鈔本

從公具稿本官至今尚爲遲延籤拘者爲李皂隸本犯之家屬可問也如周尚武以威逼夈送矣索銀二百不遂其私乃連夾三夾坐之絞罪後堂官依律駁正方改充軍取索者爲長班俞明吾尚武之祖周老二可審也此臣所謂漁獵取巧也孫文元一憑科貼馮耳以夈送刑曹屬本官會審止索得銀五十兩妻室罄矣髓腹未飽也竟以三百之詐不饜重夾重敲兩足幾斷同犯金達吾可詢文元無之單孫七非確証手李

戚栢一善差吏役耳以南城之索夫不應托名
於監斬之人皂不齊票提該役五日兩催竟以
三十之責過重不出數日遂爾殞命南城原案
可取戚栢之子思茂不痛恨乎此臣所謂箠楚
横加也夫有朱會家應接於內周培宇攬於
外俞明吾等播弄其間差役李舉輩不因之以
益横耶刑部十三司惟該司之承行為最多故
他司之頂首不過數百獨該司至於千金職此
故耳以本官之弄法如彼縱刑又如此長安有

口、無不知其胆之肆手之辣也。鷹鸇之逐、臣敢後焉、伏乞

皇上勑下該部、查果臣言不謬、從重議處、以儆官邪。臣不勝悚息之至。

崇禎六年三月初三日具題、初五日奉

聖旨、本内周培宇、俞明吾等、着錦衣衛拿送鎮撫司究問速奏。張景韶着革了職、爲民、俟各犯審明奏奪、該衙門知道。

貼黄

該臣以陞轉叅罰等事內叅刑部雲南司郎中

張景韶漁獵簠楚欽奉

聖旨還着指實具奏臣謹以平日確聞漁獵如李三

榮諸欵簠楚如孫文元諸欵逐一具奏伏乞

勅下該部查果臣言不謬從重議處以儆官邪謹

題請

旨

題請

旨下該部查某官言不爲從重議處以儆官邪謹

某官[illegible]某事[illegible][illegible][illegible]文元請[illegible][illegible]一[illegible]且奉批[illegible]之

聖旨選官請實具奏重議以平日難同[illegible]情[illegible]之

[illegible]求景[illegible]通[illegible]書焚敘奉

諭臣以陞轉參罰等事內本司部查衙[illegible]中

此疏可刻於略源一刪」請破羣臣積習疏

題爲

聖主方深宵旰之思人臣當圖靖共之實乞

勅大小臣工勤脩職業共矢公忠以破積習以襄太

平事臣雖

帝王錫極謀謨悉本人情臣庶保極大同咸戴主德

是以王道蕩平必先之以臣哉鄰哉肱股喜哉

而孔子又指勿欺之義以爲千古臣子之鵠不

特懷安飽之圖判胡越之跡而後謂之欺也凡

屋漏衾影之間隱隱有身家之繫戀措一事也

遠山堂抄本

曰吾以興大利乃使天害即伏於大利持一論
也曰吾以定
國是乃使至非亦隱於至是便為背
君父便為忌家修其為欺也更甚蓋必於未離與濮
之時卓然先有以自矢如宋臣范仲淹秀才時
以天下為己任者始能危言危行不倚不流故
漢臣諸葛亮又指出澹薄明志寧靜致遠為臣
道志防也在我原無羨紛華貪利祿之心則必
不肯捐性生之廣恥以博不可必得之功名爵

禄不能欣於前斧鑕亦不能怵於後如是而壇宇自峻在我原無邀事權結援引之心則進隨我者不以裝我懷讒殫我者不以犯我慮浩然乎有以柬之勢亭亭乎有直上之象如是而垣府自除心清則介石以為貞懲寡則周道而四達以是服家立

朝松挺嶽屹即工虞水火之司建臯夔稷契之績右所云臣子以忠厚正直為本此物此志也以

臣徵觀於今當嘉靖間也人臣雖惕勵之意居

多然而憂
國計之念不勝其畏法綱之念其病在於欺萬曆
之季法寬而官曠情囂而位侵事類於越俎之
謀人競於玄黄之戰其病在於玩及天啓丑寅
時逆璫濁亂斜正之人内與外相猜而君子有
觸藩之忌人與官交徇而奸邪作入筐之招則
又始於疑成於畏識者于此每抱世道之隱患
我
皇上

聖神天縱
執物性成
寤寐求賢事亘法
祖訓
羹墻論道念念求民瘼
諭監司以率屬安民期宇內之風清獘絕所以
教臣忠者至矣乃何以鬒陵之習猶覺有滌而未盡
滌靖獻之誼猶覺有舒而未盡舒墨綬方新便
望清華之席幾能求芻牧於牛羊青蒲未伏即

遠山堂抄本

思節鉞之階幾能振聿采於鳴鳳其爲善地也可要譽以取之即披羽先登而色飛於腐鼠其爲難任也可借端以卻之即托籍處後而心悖於避輒是所望

皇上

披天鏡

執大象於群臣肺腑隱約之處默察其忠罔之源頭又於群臣職業修聚之中顯抉其公私之途徑果其爲

國事起見也即爵禄名譽而亦真果其一身起見
也即道德性命而亦假諸臣試於雞鳴清夜捫
心自思所事者
聖明之主也所值者又多事之時也
皇上宵旰於上百執事乃不能分憂於下則
朝廷何貴乎析圭擔爵高位厚禄豈養士二百餘
年不能食分毫之報哉
皇上試觀群臣之中有孜孜然瞿瞿然守法奉公惟
日不足先臣所言公家之事知無不為成敗利

鈍不肯逆覩則公忠之屬也即顯庸之其有以
讓為爭以退為進舌鋒工於佐鬬筆端善其調
停則欺罔之屬也即黜幽之人臣之愛名義也
不勝其畏
賞罰也故以名義自振者十之二三以
賞罰相勵者十之七八
皇上以職守課是非以功罪定賢否則諸臣雖欲襲
搶攘之風不得不為耕織之問雖欲修水火之
隙不得不為謀斷之資譬之欲理楫則不得無

左右之敎而畛域安施欲治庖則不得無五味之和而恳恳安問轉移化導之權直操於

皇上而

萬年太平之治且軼唐而駕虞矣

遠山堂抄本

鉄不肯遽甦則今忠之責也而頑廉之甚亦欲
議而年以後心是宥奪之朕傳謂律辭奇
停則斂闔之意也知其幽之臣之受名弟
下請其畏
賞從公改以名義自繩者十二三以
萬年太后年久治且棘書而屬真矣
皇上而論[illegible]一[illegible]以功非遠貿否[illegible]諸白雜治
祖宗祖而鳳愿安問轉移光事又權其滯於
惟在久教而愚棘其前弦治隨則不得無丘綵

刻

題為申飭臺綱并出巡要務以責澄清實效疏事

洪惟我

太祖高皇帝御極之初即設御史臺以劉基章溢為御史中丞篆其章曰繩愆糾繆申其政曰風紀耳目初秩主品後改為十且有正己率下忠勤事上之

諭所以任之至重也各御史奉

天子命以時巡行一方凡横征之無藝科罰之濫行胥役之誅求突潦之流徙與夫繁文之宜簡省

也左右之宜慎防也酷刑之宜禁止也士風之宜釐正也而且倉庫必清武備必飭盜賊必捕武斷必懲凡載在臺綱之中者誰非諸御史所當振衆挈領綱舉目張而約其要務則曰安民欲安民必先察吏夫吏何以察哉亦思所以自察者而已矣試即所謂風紀耳目而思之風以動物必上令方能下從有不率焉風斯靡矣紀以肅物必自繩方能繩人有不律焉紀斯弛矣耳不能聽窮簷之啼笑而偏聽生奸則一已之

耳塞而安能佐
天子之達聰目不能察溝壑之顛連而獨任戚亂則
一己之目壅而安能佐
天子之明目果其有日後波恬之度則不必以埋輪
破柱為威而自然人遊鏡中吏立冰上果其有
愛民育物之心則不必襲問俗褰帷之迹而自
然春風風人夏雨雨人我廣而後可以察人之
貪乃我廣而人自不敢以貪嘗我貞而後可以
察人之邪乃我貞而人自不敢以邪進夫欺慊之

卅七八行刪之

閱只在自反處世之法亦先問心今有能如溥
書之暇手録性理權貴不屈致南京第一好官
之每如薛瑄者乎有能如勸講大學兩經逮繫
復劾親藩天下想望其丰采如陳祚者乎即在
今日能如夜必聞雞起必戴星褁粮而行跨蹇
而出賑饑民數百萬清宗禄數十萬者乎能如
慷慨從戎環甲視師親提虎旅力解重圍殲首
逆之渠魁解父老之流賊者乎士生天地間才
具精神原不甚遠第恐功名之念急則担荷之

氣靡身家之慮周則任事之心今尋模可印前範非遥柰何自誘自推竟以往哲今賢乃為異人任也但能心清慾寡為不為而欲不欲則自有不陵不援處囂能寂處炎若冷之識力矣但能事事留

君國赴見在在以民生為心則自有犯顏諫諍百折不變九死不回之丹衷矣但能一介必嚴納溝為耻則自能鼠雀之耗必除雁鴻之澤必集但能臨險不辭見危授命則自能入為殿上之變

龍出為當関之虎豹以是在内則内重在外則
外重致
君則君信澤民則民孚夫是之為自反是之為問心
其於察吏何難哉於案牘而察吏之勤怠然必
我之期會必信批發必詳而後吏之勤怠可察
也於錢粮而察吏之清濁然必我之供應必省
交際必節而後吏之清濁可察也於風俗而察
吏之邪正然必我之導從必却身範必端而後
吏之邪正可察也否則汶汶為心察察為事毀

譽得以行其意喜怒得以乘其私寬於甲科嚴於鄉貢濫於墻壁苛於孤寒此其人不必俟受檄巡行之日而已知無澄清之實效矣柳聞之有治人無治法今中臺之憲規巡方之則例非不班班可攷不得其人則衆務不張故未暇舉所宜申飭者幾何條所宜删正者幾何事而第求所以自信者如此爻澄源端本或在斯乎謹疏

上書陳言

朝野之呼吸既通太平兆徵於有象利病之數

陳必晰臣子翾[詛]出於無欺若乃三緘便爲得策
而得失聽之朝廷固是懷臣之常態一已浪博
虛名而沮諫歸之君父亦爲自便之私圖蓋敢
言之氣一沮即靡使殿虎竟爲寒蟬則衮衣之
闕誰補入告之誠有托便假以鷹鸇而胃鸞鳳
則簧鼓之風益滋故自斬决之法嚴而人無虞
於防口懸鞀建鐸虛受所以興賢杖刑之令信
而事無敢於挾私覈[核]實綜名大作所以元吉

（明）祁彪佳 撰 （清）祁理孫 批校

忠敏公巡城疏抄

（附告示未上疏）

清初祁氏遠山堂抄本

忠敏公巡城疏抄 附告示未上疏

崇禎五年五月起十月止

全本

本為巡視事，看得甄永壽之侄甄二喜、與內官
孫國泰家人来祥、因戲水相嚷，至於相打，二喜無
計，遂至抹脖，跳於孫國泰院內，幸今未死之口供
吐，委無別情，臣等無敢瑣瀆 天聽，但據該總盂
承寵明稱有買內官稱說人犯奉 旨發廠，臣等
不敢不據奏 聞，伏乞 勅下該衙門查究施行
崇禎五年五月十八日具題，二十一日奉
聖旨：已有旨了，該衙門知道。
本為巡視事，看得天道好生，豈有無故震擊兩

命胡氏毋女閉門暴死事情曖昧臣等心竊疑之業批司官管嗣章相驗據稱傷無致命鼻口流血其為雷擊無疑閱其夫孫明狀亦稱雷擊乞准免詳但雷發舖內地方必有耳而聞之至臣等批取隣佑結狀而總甲孫紀隣人劉京等合詞同稱雷擊則胡氏毋女突遭天刑果係奇禍事干　禁地人命不敢不據实奏　聞謹具本題　知

崇禎五年六月初六日具題初九日奉

聖旨知道了

巡視皇城自五月至九月共二十一疏今不盡錄止存五則以見

國朝典例令後之覽者有考焉　男理孫謹識

本爲巡視事看得內官張文成小廝來祥投井根因據該總張國勳呈稱往查並無一人同居者亦稱不知今據取宛大二縣相驗屍单內稱左額腧膊等處俱有紅赤傷甲縫俱有泥沙委因投井水淹身死但來祥年已十五六非赤子無知而入井者伏乞勅下該衙門查明根因庶死者無不白之魂矣事干禁地人命不敢不據實奏聞緣係巡視事理未敢擅便謹題請旨

崇禎五年六月十一日具題十五日奉

聖旨已有旨了該衙門知道

一本為巡視事看得王進賢之投繯身死也或為侵欺錢粮而俱罪或為董都丘文等花費錢粮而株連事情俱未可知但所稱者上供之錢粮所指者假官之坑殺倘不直窮端委推勘明白則金錢徒充奸人之橐狙獪益工借叢之謀而無復為之橋發者矣伏乞勅下法司將原詞內諸犯嚴行究鞫庶三尺之法灵而死者之憤洩矣呈乾明門外河墻雖非官伍守衛地方但千户沈登瀛

伍張孔旺等現守本門咫尺不行覔察罪將安逃

并乞 勅下臣等照例懲處以肅禁地

崇禎五年六月十三日具題十六日奉

聖旨沈登瀛等著照例懲處狀内董都等四名著刑

部問明具奏該衙門知道

本爲巡視事看得于登雲之畢命于窓上也據

宛大二縣所相屍單稱係自縊然而兩腿業有刑

傷則按縲明屬有因事干人命豈容不根究明白

伏乞 勅下該衙門查究施行至近來輕生者多

遠山堂抄本

查来祥在本月以来則投井自死矣王進賢則自縊樹下矣曾幾何時今于登雲又見告矣匹夫之諒自經而莫知一朝之忿忘身而不惜并乞天語申飭嚴禁以破愚民之迷勿徒為無益之死庶不致干天和而軫聖慮禁地亦得肅清矣緣係巡視事理未敢擅便謹題請旨

崇禎五年六月二十四日具題二十七日奉

聖旨知道了查究已有旨了禁地宜肅近来人役屢報輕斃該管各官殊屬疎玩着通行曉飭該衙門

知道、

一本為巡視事、看得鄭守礼之枝河、據議總申根、因於張秉德之取利、此等適屑細事、何至欲溝瀆自經、蓋因刁風日熾、守礼思尤而效之、而不知污蠛禁地之罪難逭也、伏乞勅下臣等將本犯量懲示儆、或發該衙門併提付質、統乞 聖裁施行

崇禎五年六月廿五日具題、三十日奉

聖旨：鄭守礼、送法司究問、張秉德著司礼監查明具奏

一本為巡視事、看得韓奎以一日之應役、即為無

行之偷兒監官鞫國安竟而提住鳴官司以正盜

罪宜也乃至縲紲刑責閱所相屍單傷痕種種安

望其能褁創而走不畢命於斯須也以疾盜之太

甚而致連隕一命污蠛清禁安國之罪何辭王

守仁媒引匪人詐無情縶見今各犯已經東廠旗

尉取去伏乞勅下該廠一併究明具奏

崇禎五年七月初二日具題初六日奉

聖旨已有旨了該衙門知道

◎一本為巡視事看得冐餉大蠹也況侵沒至五千

餘金予、據秦耀祖所告狀詞臣等不勝愕異、至面鞫之口、稱所解之銀兩鞘一箱、則似有其事矣二弁侵分於天寧寺對門之观音庵、則似有其地矣乃再叩其顛末、則一片囈語、不倫不脊、豈其代三軍而發憤、髮短心長、抑或爲陣逃之亡命、罪重䰟悸、禁門何地、而敢闖入、禁河無遏、而故自投伏乞勅下該部、查明解餉根因、果二弁之侵匿有據、自應依律正法、若或事屬妄揑、則應得之罪不能爲本犯寬也、㷊山左衛指揮張光爵、伍長侯

遠山堂抄本

忠等守衛疎虞，統乞敕下臣等懲處。謹題請旨。

崇禎五年七月初六日具題。十二日奉

聖旨：

一本為巡視事。看得瓜市細事也，清禁重地也。據劉登科原狀所稱内官張國進等指㩻訛詐之事情罪重大，其詞之虚實臣等莫縣細質。但登科敢於闌禁地而鳴冤袖炷香而點砲，真可爲目無三尺矣。伏乞敕下該衙門一併查究施行。

西安門官伍楊宗振、羅支等守衛疎虞，乞敕臣

等懲處、緣係巡視事理、未敢擅便、謹題請旨、

崇禎五年七月十四日具題、十八日奉

聖旨、劉登科輙擕火砲、禁地鳴放、好生可惡、且著與

郝四等四名、（曰）刑部問明處治、張國進著司礼監

查究、楊宗振等例懲、該衙門知道、

一本爲遵旨回奏乞恩認罪事、臣等具題爲巡視

事、十二日奉聖旨、據稱胡從儀餉銀、於保定給

完繳冊、貴州總督曾呑報部銷筭、著即查明具奏

秦耀祖着法司究問、張光爵等照例懲處、鍾鳴將

遠山堂抄本

係職官未經奉旨何處拘審王厶等自行回奏
該衙門知道欽此臣等恭捧明綸不勝悚慄伏
查向來闖入禁地鳴冤人犯臣等第據該總查報
及本犯口詞參看以請聖裁若本月初四日秦
耀祖投河一案閱其狀則三千六百餘兩餉銀之
侵匿也聽其言則侵匿者尚有二千兩又皆分有
地藏有箱奸欺有人也及問其入都之來歷奔訴
之情蹤則詭譎不倫疑人疑鬼茫無的據臣等相
顧知緒再三詰問據稱鍾鳴將見在可審臣等隨

令把總孟承寵喚至公署詳訊蓋鳴將係山右發
回在京流寓之廢弁臣等因侵匿律嚴錢粮事大
遂不暇瞻顧遽爾詢質然臣等所以詢質之者原
無牌票不過使把總傳喚以為庶幾可悉其顛末
致詳以入告聞當時情節冗長臣等倉皇具疏致
有拘審字樣重煩聖明詰問臣等撫躬負慝跼蹐
莫容當此功令森嚴申飭伊始臣等實以職掌所
在過于曲謹遂蹈愚昧之罪而非敢自干明禁也
伏祈聖明俯賜寬宥臣等不勝隕越待命之至

遠山堂抄本

聖旨、既原無牌票拘審、前本內何又溷稱、王等

姑不究、該部知道、

一本為巡視事、看得禁門法宜清肅、據千户王朝

臣所報不知姓名男子倒卧之負屍、雖驗無青傷

其為急病身死、情無疑矣、然污蔑禁地、官伍王朝

臣夏選等疎縱之罪何辭、伏乞 勅下臣等懲處

其屍令該地方插牌認親領埋、緣係未敢擅便、謹

題請旨、

崇禎五年七月二十日具題、二十五日奉

聖旨、已有旨了、王朝臣夏選等、照例懲處、該衙門知

道。

一本為巡視事、看得宗室倬韯所稱事情、臣等莫

繇知其虛實、但已干越閧奏擾之明禁矣。長

安右門官伍田克勤等、保守疎虞、乞敕下臣等懲

處。其倬韯所齎印封原本、未敢擅自封進。

崇禎五年七月二十三日具題、二十五日奉

聖旨、師鉀誣蔑親藩、已經看明、罰祿示懲、何又縱子

越閧奏擾、本不准封進、仍著礼部遵照舊例近旨

遠山堂抄本

議奏田克勤等懲處該衙門知道
一本為巡視事看得魯浩之縊死于北安門外
之西舖也雖事出倉卒時屬昧旦莫繇究其根因
然閱其腰牌則係騰驤右衛之勇士豈有食粮在
衛無故投繯甘心一死伏乞 勅下該衙門查明
施行至韓希儀張國武等既屬守舖之官伍倘巡
察果嚴本鋪窓欞之外有自縊之人何竟不知覺
察不行救護也據稱一時睏熟萬一深夜盜賊往
来亦得諉之鼾睡不知以卸罪手乞 勅臣等懲處

再查七十二鋪，旧設金鈴七十三口，每夜傳流，與擊柝之声相應，防守之法至嚴，官伍僅沿故事，漫不經心，雖屢經申飭，而玩泄如故，伏乞嚴敕留守衛指揮，分更督率，務使七十二鋪自一更以至五更，鈴声不斷，聯絡如環，如有偷安以致疏虞者，必行嚴究，庶奉行有恪，而禁地肅清矣。其銅鈴相傳日久，查有傷損者三十七口，乞并敕該衛門修葺，毋使官伍藉口，得以覆其怠泄之罪。緣係巡視事理，未敢擅便，謹題請旨。

遠山堂抄本

崇禎五年七月廿五日具題八月十二日奉
聖旨、魯浩自經鋪外、全無知覔、鋪內明係無軍、經管
官聀掌何在、著該部詳查聀名具奏、死的著暫領
浮埋、仍查究根因定奪、以後巡視督捕官、各遵旨
不時點閘、有鋪軍缺少的、參奏重治、該衙門知道
一本爲巡視事、看得自刘登科點砲禁地、已經
明旨勅部處治矣、何物宋之其、輙敢踵而效之、執
一面之單詞、肆刁悍而無忌、目中尚知有三尺乎
伏乞勅下該衙門重懲施行、西安門官伍九

思恩孫士亨等、不行盤詰、踈從之罪、何辭、再查點

處所近西華門北一鋪地方、該鋪官伍袁應科程

順等、何以不早行禁止、并乞勅下臣等懲處、

崇禎五年八月初八日具題、十一日奉

聖旨、宋之具著東廠究問、孔内監何名、一并提來質

訊、本内兩門官伍照例懲處、該衙門知道、

一本為提獲偷盜官粮事、看得粮儲係一粒一顆

皆屬民間之膏血、旗甲之筋力、軍國之度支、何

物秦成與父秦奎、狼貪相濟、串通門軍郗八、乘夤

遠山堂抄本

夜而矜攫竊雖廊下之露積尚未登于天庾然

禁地之儲糈誰敢染及秋毫郗八據報既屬門軍

不能禦暴而反為暴非與奸盜之妻戍妻奎車夫

王忠等內呼外應同為眠鼠必不能斗量車載提

如脫兎今幸恢網不漏為內東守備何東平所捉

賍真盜確見在京營羈管伏乞　勅下法司將妻

戍等嚴究根因并查夥黨追賍正法至　禁門深

閉米從何出并　勅嚴鞫以正官伍守夜不嚴之

罪庶奸宄屏迹　禁地肅清矣緣係巡視事理謹題請旨

崇禎五年八月初九日具題十三日奉
聖旨、奏成等着錦衣衛拏送鎮撫司究問禁門來從
何出、該管的係何人、还著查明具奏該衙門知道
一本為巡視事看得林三才為内官張敬之甥以
至親而懷盜、行苟非夜巡捉獲胠篋之奸幾漏網
矣見今人贜俱在伏乞
勅下該衙門審鞫施行
崇禎五年八月十一日具題十四日奉
聖旨已有旨了該衙門知道
一本為巡視事看得馬畜無知損及柞欄然而孫

7

三之覊勒不謹似難辭咎事干禁地臣等不敢

不據实題明伏乞勅下該衙門責令修補量

懲示儆

崇禎五年八月十三日具題十八日奉

聖旨孫三量懲釋放柞欄責令修葺該衙門知道

◎一本為廵視事臣等因不勝詫異何近来人情詭譎

不可方物一至此也禁地鳴冤已屬非法況以

婦人裝扮男子乎當晚籌初報一巾幗之婦而敢

自達清禁則指引當必有人且裝扮衣帽𢘄作

貴某之傭、則唆使又必有人、是可不一為之窮究

哉。其狀詞褻穢、際此喜慶之時、臣等不敢細為

臚列。伏乞 勅下法司審鞫、以肅法紀、以戢刁風。

守衛官伍何易、危世爵、張承福等、雖曰暗中疑似、

雖于稽察、而疎防之咎、亦似難辭。并乞 勅下臣

等懲處、庶人心知惕、而 禁衛益嚴矣。

崇禎五年八月二十日具題、二十四日奉

聖旨、刑部究問來說。疎防官伍着該衙門懲處、該門

內官着司礼監查奏。

遠山堂鈔本

一本爲巡視事看得午門内地非朝參官員無敢輕入、乃本月二十日、徑有總角之男子抹頸于西橋樓之既無冤狀、只有奎糊破紙一條、内載零星數字無從辨解、惟苑文奎三字似屬姓名、然亦未知何所指據、臣等已一面行總甲看守插牌以便親人招認、事干禁地、不敢不據實具題、伏乞敕下該衙門查緝根因、庶冤抑得伸、禁地益肅矣、至守門官伍自東西華門及兩掖門防閑更宜加緊、何以外人突入竟無覺察、然亦必俟親

屬招認事情鞫明之日，方知從入之門，應并外門

官伍一併懲寃者也。緣係巡視事理，未敢擅便，謹

題請

旨。

崇禎五年八月二十一日具題，二十五日奉

聖旨：這死的必有寃憤，還著根查親屬來說，守門官

伍查明例懲，該衙門知道。

一本為遵

旨回奏事。看得魯浩以操軍而無故

投繯于舖，臣等心竊疑之，業奉

明旨查寃根因。

今據指揮胡其偉呈稱：果係貧病交纏，遂爾輕生

當日面質之口爲據倘別有致死根因魯奎與妻

氏必不肯爲弟與夫諱也謹遵　旨查明伏乞

聖明裁奪施行、

崇禎五年八月二十八日具奏九月初五日奉

聖旨、知道了、該衙門知道、

一本爲遵　旨回奏事、看得妻奎與郗八等耽耽

朝内之露積、糾夥至於七人、衆　西長安門啓閉

之候、溷稠人往来之中、至於各用之紬腰袋陸續

盜出、爲謀抑何詭也、據内東守備何東平初報、係

八月初六日夜、今據審則有七月初五初八初九等日矣、初報只有四人、今據審則有蒙安等共七人矣、踪跡既多、為日復久、守衛官伍、戢司何事、而漫無覺察、一至此也、謹遵旨查明具奏、乞勅臣等懲處、或俟鎮撫司審明、另行懲處、統乞聖裁施行、為此具本謹具奏聞

崇禎五年九月　日具奏、十月初五日奉

聖旨、禁城盜未全無覺察、管門官伍好生踈玩、着鎮撫司詳鞫偷盜日期、查明懲處、該部知道

[illegible]

告示低一字寫

附

皇城巡視告示　照得守衛規制，屢奉
明旨，炳若日星，無奈積習難破，每當申飭，俱成故套。本院
欽承受事，必期徹底澄肅，無用焨言，止將極有関係
切寔可行者六款，着守衛官伍軍人一体遵守。本院
即執此以爲官軍功罪，法在必行，萬無玩忽。
一、買閑之弊，深可痛恨。訪得各軍每月以錢一百四
五十文包之伍長，竟不赴伍；及至按查，以錢二三文
僱倩應點。是以查點之時，令其自報姓名，俱茫然不

撓及查點方完便已鳥獸散去有伍長將一伍全包
者因此伍長不到各軍亦全不到今後軍人失點除
責治伍長外定提本軍正身一并枷責決不貸
一伍長之奸黠者身先不到操得提責以苦肉之計
飽其囊橐又有并伍長亦係換板替身真令人髮指
今後各衛每次粘連手本俱要開伍長年貌另列於
守衛官姓名之第二行如有失悮換班手本及開註
不明捏稱差病者定提識字重責究各軍俱要懸帶
腰牌以便辨驗伍長不到及到而係替身定當倍法

枷杻或究駈治罪不恕

一查前科院

題准遵照

舊制留守五衛指揮每日巡行各門點閘二次揭報科院

今該衛藐玩不遵合行再飭日間加緊查閘夜則挨

鋪傳鈴不許各軍偷安作弊本院仍親查各官分別

勤惰違者定行叅究

一守衛官軍原設以辨驗木牌盤詰奸細邇來法紀

漸弛刁僞百出自後須加意覺慎如有蹤跡可疑及

手拿扇傘身穿色衣往來無忌諸人立刻驅逐違者
扭送本院審究至北安東安西安三門工匠雜遝尤
必小心巡警聽本院不時拏查
一守衛官原以管束軍伍今有官到而軍伍全不到
且有軍伍到而官反不到者肆玩已極今後守衛官
不到与軍伍同究即守衛官到而軍伍全不到亦必
量懲至於赴倉支米之日各衛便借此躲閃今要早
間支放午間即赴直應後如走閃軍應支米開閃官
伍即爲承值倘致疏失責有所歸

一內外人等果有冤抑應赴鼓下申控或赴巡視衙
門告理審鞫得寔自當奏達如有擅闖
禁地抹頸投河肆行撒潑者除原詞立案不行外定將本
人重責枷示至於
皇城內外無論人命盜賊大小事情兩總捕立時申報無
得故行延捺未便

擬巡視回話疏

臣等恭捧

明綸不勝悚慄伏查向来闌入

禁地鳴冤人犯臣等苐據該總查郭及本犯口詞参看以

請

聖裁若本月初四日秦耀祖揆河一案閱其狀則三千六

百餘兩餉銀之侵匿也聽其言則侵匿者尚有二千

兩又皆分有地藏有箱奸欺有人也及問其入

都之来歷奔訴之情繇則詭譎不倫疑神疑鬼茫無的據

臣等相顧躊躇再三詰問據稱鐘鳴將現在可審臣
等隨令把總孟承寵喚至公署詳訊蓋本犯詞中原
未明言其爲職官也乃鳴將至而始知其爲發回之
廢弁耳然臣等所以詢質之者原無牌票並非拘拿
不過使把總傳喚一訊顛末誠以事干軍餉至五千
六百兩之多非可輕率入
告以故不厭致詳致慎方敢據寔披陳當時情節凡長
臣等倉皇具疏遂有拘審字樣重煩
聖明詰問臣等撫躬自愿跼蹐莫容當此

功令森嚴

申飭伊始臣等寔以職掌所在過於曲謹遂蹈愚昧之罪

而非敢自干

明禁也伏乞

聖明俯賜寬宥臣不勝隕越待命之至

擬面諭備察群情疏　未上

微臣披瀝愚衷謬陳備察群情一疏蒙
皇上諭令擡寔面奏臣敢不以真見真聞仰荅
清問臣惟臣子效忠之血誠原不分於久暫難易然新發
之鉶與強弩之末則亦時有使之然也若或疆場之
寄太苦則亦任事之心少灰錢穀之責過繁則亦急
公之念易謁令有左布政而歷俸幾年者某某是也
歷俸幾年者某某是也彼其於地方久安則必駁歷
素著豈暇擬一席竟叢集之京堂而清卿一席乃竟

絕響於藩伯乎至於臺省之轉必論才品勞勣
明旨炳若日星但臣愚以爲在臣子之自視即非常建豎
亦是職守所當爲在
皇上之視臣子即分内驅馳是亦
聖明所体念至於策名清時遭逢
聖主以言責之任當綜覈之時豈其甚無才無品而得持
斧一方積俸許久若其十幾年之久若其幾年之久
也今前者既俟河清後者必且薪積似非於慎重名
器中寓鼓勵人材之意也臣可任戰兢待命之至

題回話收買香蠟疏　未上

看得香蠟等料，初創官買，臣等屢疏條議，凡所以平價值、禁侵牟者，不啻詳哉言之矣。猶恐物料美惡不齊，必於會收之後，方行定價，至朝房會估，面集各商斟酌較量，减檀香、黄蠟之浮，以益沉香、白蠟之歉，雖各商再三稱苦、搶地求增，臣等為

國惜費，痛加裁减，以三十年來檀香久定之價，每觔减去五分六厘。蓋以時價既已相當，給發復不後時，各商自沾寔惠。及領銀之日，臣世祺憨佳，會同揔理，呼各

商親至案前認定領銀之人即是估價之人估價之
人即是交香之人方始給發仍諭諸商倘有勒索分
文許即特聲說諸商合口称無捧領大錠元寶歓躍
而去以為此番官買幸無別弊矣不意銀既領出復
有行頭元福等勒扣之事也臣等聞之不覺髮指
皇上体恤諸商何等德意臣等三令五申何等嚴切銀已
入唛等之手而元福等復挽其吭而奪之此其欺
遠人而藐
國法真胆大包天者也伏乞

敕下法司、追贓究罪、庶群奸戢而遠裔子来矣、

刪

圜條對　聖諭疏　奉上

一會殘之吏彌縫上司打點京胥　夫

聖諭以彌縫打點揭爲會殘之吏者盖真究本窮源之論也惟會殘者必小有才肆大無忌其力足以敵上其言足以交奸一片精神全用之於彌縫打點面剝脂竭髓而不顧上司未至而長夫長馬之餽送也上司已至而下程迎送之奔趨也遇歲節而禮儀必極豐腆遇接臨而鋪設必極整齊甚且託名土產有不時之餽遺即使陞遷到家又有舊規之候問試思此等

銖錙皆屬民財盤飧亦爲膏血乃上司不深究其諂
媚之風反籠落於阿承之術官評以之爲殿最倘蓋
因此成相知是澄源塞流首在上司古有宣麻而減
從撤蓋以洽秦者伊何人哉乃有司之彌縫打點於
上司宜禁矣而餽餼粟監之彌縫打點於有司亦宜
禁也乃今奔競之習中入膏肓郡邑官未出京而求
青目方出京而即遠迎甫任而送屏帳未幾而刻寔
藝綫考試便立至公之碑及考成又有德政之頌官
未離任即造生祠政本平常必刊碑紀因之挹持詞

訟蓋即其人後來捏造謗言又仍此輩上以此恍下下以此籠上恬不知耻真可恨也

一錢粮先比火耗又巧立公費名色錢粮亦一多端第言火耗一節如自封投櫃法誠善矣乃折少分厘必且嚴拘花户有少一而賠十有錢粮七而差錢三者其弊正与秤頭等所可詫者僉里長以解銀原為若役乃原封發解先扣火耗若干彼里役既苦於拆封之耗折又苦於扣除之墊賠蕩産傾家大率類此更可異者不設銀櫃令里長親至花户之家自行

收取雞豚皆被驛騷絲穀盡為準折橫徵暴斂權不在官而在里役矣尤可嗔者以舊欠之數積逋之家縣官徵比之法已窮則兌支為孤貧之口糧衙役之工食此輩一粟到手視作生涯圖賴咆哮無所不至橫徵暴斂權又不在里役而在叢蠹矣然其弊之源莫甚各圖之押差在城之保家與糧房無端之洒派臨比之倍數蓋不可以一言盡也公費之名不一第言支取一事閩浙之地皆有綱銀備用原以為地方正項之需乃今過客之交際新官之修理無不於此

中取之甚則有等上司指稱無碍官銀以侠盡不經襍
用常見邑中之備用錮銀透支至四五六年夫錢粮
尚不能十分全完此項既透彼項益虧况於有司之
以公費派里長害更劇也其在山西者異其名曰老
人凡餽遺鋪設自巨至細無不責之是則公費之透
支於在官者猶有限而私派於在民者更無窮耳
一不論罪否槩加罰贖會吏肆漁獵之計以為取之
於詞狀之中猶未盡也於是歲節輙有查點里長銜
後不到者罰穀有差徵粮亦有贖銀花戶里役欠多

者又罰穀有差又以為取之於杖罪之中猶未盡也於是于誣縣行取紙公呈亦行取紙有一詞而取紙二三十分者派之紙以數錢合之乃成十百矣修理遂有科罰捐助亦有科罰有一罰而上納百餘金者派之民則曰罰贖入之官則為私囊矣此等弊端隨地皆有總之巧立名色酷取民間如正官而受狀佐領而亦受狀可乎郡縣以積穀有罪贖府佐無積穀亦有罪贖可乎是宜一并申禁者也

一取物不償價值　夫投蔡出婦謂不宜與民間爭

利也宋臣司馬光言士大夫決不可買官下物古訓
其彰彰哉乃以一命之官下而爭市廛[illegible][illegible]之利豈
不可恥如官價之名原不應有況一粟支取或季終
或年終而方發又不直給鋪行必且先發吏書彼既
賠累於守候又復短少於扣除究且十不償一如同
奪取乃若借辦則其害更倍於凡上司之按臨新官
之到任無物不行票借或取之於當鋪或取之行市
取票之善後需索少不遂意即以誑禀加刑及於事
完發還又且十不得一即發還之物經歷時日腐壞

不堪是一番借辦止是一番乾沒耳乃乾沒其物件

而已矣又且勒之借送禮儀暑雨泥塗奔走百里背

橐既輸筋力復竭及於不受之禮物并入縣官之橐

中後日之供送僉派如初矣款禁索取必先革行頭

款革行頭必先毀行簿即有前弊安從施之

一指罪張小為大嚇取民財 此等之吏真乃酷以

濟貪者也非箠楚以立威不足肆其攫取非牙爪之

容布不足遂其有貪婪有始鍛煉以成招經市恩於關

釋而從中播弄遂有多金有羅織旁於此案憤怒洩

於他詞而一味嚴刑便飽囊腹其甚者如
欽犯之攤賍不論是親是疏或捏為寄頓令之賠完或
勒令買產索其倍價完納者侵入者多矣又如竊
盜之賠賍不論是首是從原賍既無則詭曰花費賠
賍既有送豁其盜情未領於失主先入於縣官矣又
其甚者有重大事情牾送鄉親令之某得幾百某得
幾十約與中分此賄賂之詭途也又有重大事情明
送鄉紳声言其應軍而免其應徒而免藉其延譽此
阿承之變習也近日更有一種豪紳劣衿田地則要

吞便吞人口則要奪便奪房屋可以封佔佃人可以
票拘原不俟於囑托而後把持也即如原被俱不來
央覓使惡僕串通衙役或向有司討為處分或向告
人嚇其投托同姓偶死便以吊奠為索詐之章頭因
里有爭便以解和作騙錢之舉動凡此豪紳劣舉之
嚇取誰寔司牧是循有司之嚇取也皮骨皆枯天日
為晦釀亂之始可不禁歟

一聽用吏胥顛倒剥詐小民　剥詐之弊在官者十
之三在衙役十之七蓋僉票之始即有買牌陋規一

役行牌十役幇助如虎斯翼見賍一空或譖禀其抗
違而添差以索詐或故為之沉捺而勒令其買求若
吏書日在左右彼其伺顔色畢工乘喜怒畢巧閒言
冷語皆滑行私一速一遲盡非無意或誘之以其詞
則無碍可取或教之以其事則有利可為彼貪吏惟
見金錢遂一味聽憑胥役始初一墮其術究竟不能
自縣如浙西白粮夏稅水脚鋪墊之費聽其勒措不
發先和當倒又或以積欠錢粮給票對支竟無着寔
皆顛倒之為害也

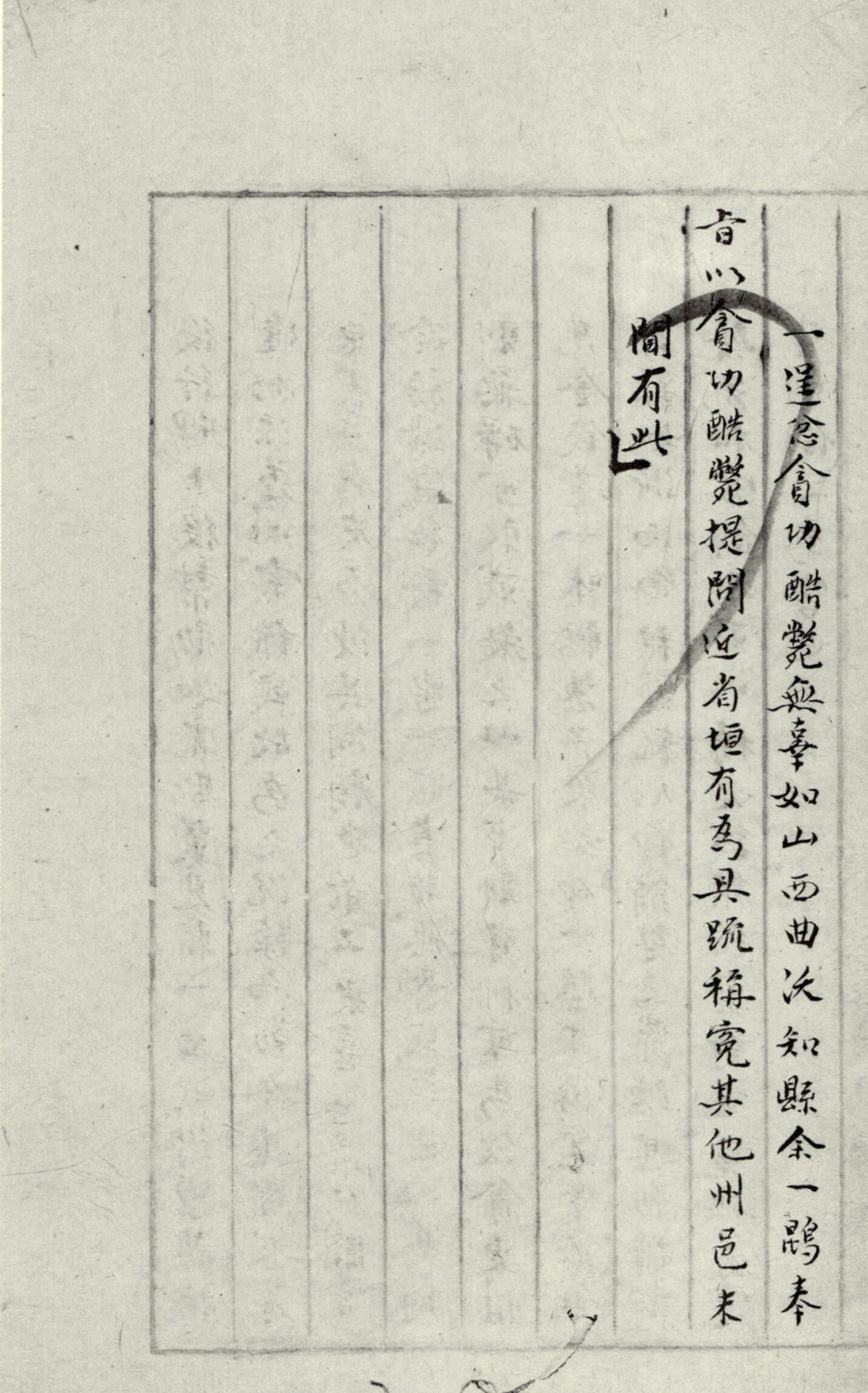

一呈念貪功酷斃無辜如山西曲沃知縣余一鵾奉
旨以貪功酷斃提問近省垣有爲具疏糾究其他州邑未
聞有此

請糾內臣（公）疏（未上）

臣（等）伏見我

皇上之初遣內臣也蓋以萬不得已之苦心示激勵於臣

下乃經年以來諸臣不能事事根刷人人恪共仰當

皇衷感動

聖意此諸臣之罪萬不容辭者也在諸臣正宜洗心滌慮

共奏昇平俾

皇上謂綜核之效既彰外廷之人足信則

成命自是可回隱憂自是可杜臣（等）萬不顧以口舌執爭

啓南北水火之漸然諸内臣亦正宜仰體
特遣之膂專監錢粮者寔使錢粮之充足監兵馬者寔使
兵馬之精強力營職守之中勿騖於職守之外可也
乃何以筆舌是逞訾議横加小吏叅矣監司叅矣督
撫按叅矣九列大臣叅矣而今王坤遂侵及於輔臣矣
夫輔臣職居匡𢖍當
欽遣之初不能以古今治亂之源天下安危之界密為剖
晰默事挽回而且票擬之際縴墨必靈
温言屡荅此等

國家第一大事乃先機之消弭後事之斡旋竟無一焉
則今日決裂之勢正輔臣難辭之咎可無亦自辭其
所處何地也今棒歎中疑奴孽外關而合器甲杉鈍士
馬凋瘦疆圉寔可寒心臣子方思累萆坤不此之事
而哆口侈舌於
皇上政本之地肆為雎黄臣等竊為
國體惜竊為世道惜蓋有萬不容於默默已者從來内
臣與外臣争為禍天下之始争則内臣日摭外臣之
短以動

人主之疑以挑
人主之怒而外臣每不勝雖其中不無守法奉公者而一
二生端喜事之流遂謂
威福可竊
天憲可操惟吾欲爲何所不至禍乃中之
朝廷令不幸而有其端矣
皇上廓清逆璫爲千古美談然彼其時尚不敢明肆禪文
醜詆紳士今日之事殆有甚焉以
至聖至神

太阿在握雖曰操縱有機予奪不貸而臣下鰓鰓過計不
無極重難返之慮焉夫預政之戒日星爲昭兵馬錢
粮何可假手況乎借議論之衡伏箝掣之計有憾於
人萋菲可作款快於已鬼夢非難
皇上精勤問學流覽得失之林曾見開闢以來
乾綱獨握之朝有近習操朝紳之短長揆席受內侍之詈
辱者乎夫以
宮闈暬御之任偶出而分封疆錢穀之司原非
皇上馭下之本心今以干垠〻調察之人反入而開論詭構

聞之際更失
皇上特遣之初意此臣等又不但為
國體惜為世道惜而更為
皇上皇皇求治破格
遣用之特典惜也乃敢合披瀝誠悃恐上籲
宸聰萬懇
皇上深思遠慮察影見形杜一時搆激之危機垂千載彰
明之法戒於王坤
特賜處分於諸內遣并行

羅織使天下萬世共仰

大聖人恩威不測彰癉互施

平康正直之治史冊爲光矣臣等不勝悚慄待

命之至

遠山堂抄本

刹

擬回話賞罰疏　未上

Ø

皇上以鎔鋁一案、

嚴處巡視科道諸臣、其中不無才品表著曾以讜論危言

見知

聖鑒者半以一眚棄終身士論惜之然臣仰窺

皇上困軍

國急需當立法之際嚴於法不得不嚴於人是以臣不

敢隻字救解惟聽

聖意之轉圜耳惟是人材固當惜官守尤宜明在管廠庫

所以設巡視者欲其覺察監督耳今物料一有不堪

便

嚴處未曾閱會查驗之巡視則此後巡視恐無敢以不堪

之物料告

皇上矣且臣亦不敢為巡視之不宜查驗也但慮一瓢衆

輿十羊九牧監督謂巡視可以分罪而自視乃為駢

指則未免開脫卸之端况巡視之查驗或無以加於

監督第為監督任罪則查驗之職未必舉而巡視

之責愈益輕似宜於查驗之中監督職其詳巡視職
其要監督以辨認爲盡職巡視以覺察爲當務物料
之不堪者責監督物料之不堪而失覺察者然後罪
巡視如是則功罪乃有攸歸官守無敢推托臣疏所
謂巡視必身異監督之司者此也臣初入班行有愚
畢吐若倚傍援結自信絶無是以粗率具疏干冒
天威伏生無任戰慄待命之至
皇上鑒宥則臣之身非臣有敢不矢報
高厚於萬一哉

回話巡視禁軍疏

題爲仰奉

明綸謹循職掌據實

奏明以祈

聖鑒事臣等自膺巡視之後黽勉受事日夕靡寧目擊守

直衛所官皆鵠面支離鶉懸百結詳察其故蓋因粮

薄差繁其月米一石與京營同也而三日一換每月

上直計十八日與京營之寒暑歇操者不同三日之

內自卯至酉復自夜至朝與京營之外操辰散者又

不同只此一石之粮猶不足以餬其口而况有父母妻子者乎雖

朝廷月加直米二斗五升所以軫恤倍至而窮軍多先貿之債主至於子過其毋遂有守衛經年不得食直米一粒者官軍之貧困至

皇城二十衛而極矣臣等早晩商榷求所以多方拊恤多方整頓而厥源未清振飭無效臣等竊愧之至於大漢將軍以一千五百人分五班紅盔將軍以一千五百人圍子手以二千人各分兩班皆直宿

前朝朝罷輒散較之衛軍稍稱安逸其明甲軍士惟
常朝擺列餘日無之較之他軍之安逸更為迥異是以臣
家彥於守科臣彪佳於侍
班之日時：查點大漢明甲並無短少紅盔圖手十少
一二而於
御門
享廟之日則數仍充盈臣等所以第嚴行申飭未敢遽瀆
天聽也至於器甲朽鈍誠有如臺臣禹好善所言究其朽
鈍之故蓋直軍器甲閱領於兵仗局每年一更入直

則各軍披執罷朝則總交直房今日所披執者明日又易一人爲非若各邊之一軍一器甲手與器習甲與人終也因而日積月累漸成朽鈍披執則有人磨洗則無人甚且請者多而發者少則又因水衡之金錢匱乏先以應九邊之急需故不特朽鈍而殘缺者亦有之目下尚未是移請之期遂不免因循如故臣等之愚以爲先當嚴詰其人歟使官有寔官軍有寔軍雖不敢當臺臣好善桓桓糾糾之許亦庶幾不至於色肙成風蠹弊太甚乃不知有人無器與無人同

忠。此臣等智識闇淺。覺察未能及此。雖

皇上第詰問該統領者在勳臣把總。而臣等職司巡視。不

敢不據實奏明。以祈

聖慈垂鑒者也。倘蒙

皇上俯賜寬宥。容臣等移會各該衙門。殘缺者以補。朽鈍

者以修。務使

皇居克壯。

國威丕張。於以使臣民聳觀。奸宄戢志。則臣等所以報

皇上任使之職分也。臣等可勝戰兢之至。

遠山堂藏本

（明）祁彪佳 撰 （清）祁理孫 批校

忠敏公未上疏揭稿抄

清初祁氏遠山堂抄本

忠敏公未上疏揭稿抄

崇禎七年甲戌

一本 單

請開言路疏未上

巡按蘇松等處監察御史爲政本關係匪輕言
路沮塞可慮敬竭未盡之忠仰乞
聖明鑒察事臣職維股肱耳目合之乃成
元首之尊故唐虞之朝皋夔在列尚不能有俞無咈
況其下而折足覆餗之可虞則設鐸懸鞀之宜
廣臣職目擊近事有不能嘿嘿處此者邇來水旱
時聞盜賊蠭起
聖主憂勞宵旰欲得救時之臣故
簡任及廷推之外是誠如不得已之

遠山堂抄本

聖心而不謂輔臣王應熊之有負
綸命也當其拜
命之時旋有諫官奏
讜此是應熊納牖格
天之首務謂宜閉閣引咎造膝懇陳若能以誠悃孚
宸扆便可以坦衷示天下乃應熊絶不出此惟見未
幾而謝
恩矣又未幾而視事矣白麻方裂黄閣旋登舉朝薄
之而不顧士類恥之而不顧即萬世而下亦必

非之而不顧恭竊之席視若固然瞑眩之攻付

之罔覺倘言官非

明主轉圜保全出獄推麃熊其之心有不殺之不已者

且有不盡推折諸言官不已者此豈尚足以備

容勿之司居輔弼之列乎臣職初聞

嚴旨即拜有一疏責備救援猶謂不知麃熊其之人品

何似蓋以夫人當向用之初亦皆有飾行修名

之念故惟以救援言官責備之以感動

聖明庶幾從此而洗心滌慮易轍更絃猶可用其小

遠山堂抄本

才借之大道臣職是以但點醒其良心未直揭其
肺腑而今則蒙面綸扉靦顔彈墨尚不知一身
有進退之義安能為
萬幾燭理亂之源即此一節可槩生平矣況其生平
動喜紛張念存鷙刺內多機械偏欲慱綜核之
名外炫聰明必不能和衷而濟以禮臣則竊銓
司之政致弁道行放胆賣官以侍郎則奪尚書
之權致黃汝良掣肘去
國此皆長安萬目共見萬耳共聞在今時事方殷

補裨宜亟以斯人而叅列政本必將出其陰陽

闔爍之作用凋傷元氣摧抑人材營競私門紛

更

國事其為

宗社之憂於茲方大此通國非刺之公非臣職一人揣

測之見也臣職頃又見科臣李世祺以糾叅輔樞

亦蒙

欽謫臣職未獲睹世祺之言不知何以有干

聖怒乃若追咎考用之官臣職竊以為不可夫

二

聖主用言致治原不妨兼聽並觀臣子以人事
君自必當精掄極選若以立仗一鳴即連坐舉主則
憖自此司考用者不無承風望指之思為所考
用者定有結舌鉗口之念目今
計典之後考選將次舉行如使銓司不能舉侃直之
士盡取軟熟善諛者而用之是又豈
國家之福哉以求言若渴之
聖衷
明詔屢頒皆謂說言樂受誰司票擬乃不能仰體萬

一手且職伏見
明旨處分科臣皆有比私之語私者即欺之屬人臣
讀書事
主亦何敢以此一字萌心自干大僇至若比之為言
郎古來朋黨之說有欲借以空人國者也
聖明在上全以功罪定是非戰守分取舍夫亦何私
可比顧
皇上勿以此致疑外廷開厭薄言路之漸職一介愚
昧蒙

遠山堂抄本

聖恩援置臺班每有敷陳輒荷
採擇感激
知遇不有其身了處署中盟心幽獨惟實見論道經
邦之重地所係
國家安危不堪匪人誤入而言官
詰責考用將使忠讜罕聞沮抑漸至此皆時政第一
緊關用是瀝血痛陳仰冀
睿聽休乞
皇上深維備察倘慝態之品行心術果如微臣所言

賜准其引分乞身猶可曲全待臣之体不至以憒敗

決裂重貽他日揆席之羞更乞

皇上俯宥狂愚

召還蒙譴二臣仍

勑此後選用臺諫必擇敢諫直言用以廣收忠益則

聖政愈隆

聖德愈進戚郎以多言伏斧鑕有餘辜矣戚前疏於

去歲十二月二十三日賫捧至通政司未曾封

進并乞

皇上取入前疏

俯賜躉覽，戢可勝懇禱待

命蓋至為此除具

題外理合具揭須至揭帖者

狀疏已成未上

佃疏俗揭内語意錯雜，想未裁定，姑存

此疏存後，一揭可也

可置

巡按蘇松等處監察御史祁彪佳謹

揭職伏見

新輔王老先生物望未孚遽蒙

特簡掌科一疏袭麻遂奉

嚴譴下獄職思是舉也上恐累

聖主知人之明下則短諫臣楷佞之氣自念備員言

官誼不能無説而處于此用是退而具草以寬

宥掌科懇乞

聖明而又以請

聖明之寬宥掌科責備

新輔職于十一月之杪見

旨次月初五日拜疏賁奏之後念三日投本乃竟不

獲與省直各項本章一體封

進在銀臺或者因疏至之際掌科先兩日出獄無所

用其申救耳不知職之爲此言也原不爲掌

科一人計生死其于政地大徃小来之運言路

陽消陰長之關實凛凛慮爲非謂一科臣生出

獄門便足了

新輔調燮之任銷言官責望之口而況掌科之出

亻獄也乃

皇上生成之仁非

新輔回

天之力令去國者身輕一葉風雪蕭〻群情鬱而未

伸公論抑而不暢

新輔先後歷幾許時不但披誠申赦之未聞也即

求一語之引請亦不可得糾彈之墨方新平章

之席已據竊恐萬世而下自有公論則亦安能

遠山堂抄本

已于言也且臧蹟到京之時雖在交章申請之
後而臧蹟拜發之日實在
嚴旨方傳之初臧生平血誠自盟志期報
國於廵方之吏儘可已於言而脉脉此衷覺有萬
不能已於言者詩已而不已蓋持此小臣一片
精敵之悃庶幾望
聖明之感動而不謂其未得達也然臧初蹟猶止以
敕援掌科為責備而不即直揭其生平令見其
冥然無一念之畏人有覥誇好官之自我人心

如此世道堪憂用是再疏特糾仰俟

宸斷而前疏未達之故不得不揭出以明之爲此具

揭須至揭者

存此一揭以見　本朝典制餘不盡錄　男理孫識

此揭已成未送

遠山堂抄本

[illegible]巳[illegible]奉旨

[illegible]須至揭[illegible]者

[illegible]

[illegible]

[illegible]

（明）祁彪佳 撰 （清）祁理孫 批校

忠敏公召對恭紀呈院陳議合抄

清初祁氏遠山堂抄本

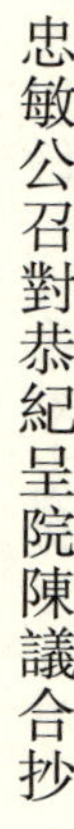

忠敏公召對恭紀
呈院陳議合抄
全本

崇禎十五年十二月起
十六年八月止

剳

召對恭紀

掌河南道事福建道監察御史臣祁彪佳恭紀

崇禎十六年三月初六日

上召刑部侍郎朱世守左諭德方拱乾及臣彪佳來中左門共

趨候於直房則傳

上已御文華後殿閣臣先入奏對久之乃召臣等行禮畢

上曰爾等冒險前來具見敬慎可將沿途見聞及虜騎多寡我

兵強弱從實奏來臣世守方奏

上命臣拱乾及臣彪佳先起候拱乾亦奏畢臣彪佳跪奏臣欽

蒙

聖恩起補掌道方至淮安已聞虜警臣於閏十一月十三日策
騎西行時傳臨清已破乃改從東路見青州督餉臣王正
志攜眷南下搖動人心臣已具疏糾參現奉
聖旨察奏及行抵滄州見城外掘濠湛濠底得火藥無數臣亦
具疏奏知
上顧閣臣問此藥從何而來臣奏現奉
聖旨下部察明當知來歷自滄州以上皆虜所經過之地村落
丘墟人民逃散臣於此夜不能寢日不能食迨抵天津則
該撫臣馮元飈與總鎮臣曹友義等協心固守備禦有方
以故自天津至

京二百四十里人民安堵如故臣譯於十二月初四日入

都

朝見

上命再將沿途情形奏來臣再奏自青州而下彼時虜信尚遠

及至青州見彼處道府臣措備守具可以有恃無恐濟南

萊州現到防兵各有五百名自青州而上因年來𡨥寇頻

仍物力不充人心不固所以臨淄樂安楊信一帶相繼攻

尅目今津通之閒防守頗緊賊或不敢東折是以有西去

之報真保等府尚屬空虛殊為可慮

上曰今虜𡨥孟急內無良策爾可奏來臣彪佳再奏臣本書生

不知軍旅但以愚見料之虜當天氣漸熱輜重已多必有
出口之日恐患方大須以全力辦之彼若竊踞上游順流
東下金陵震動是爲腹心之憂臣昨有防江一疏已蒙
批發下部看議大意具於疏中矣
上命起閣臣近
御案奏訖
命賜茶餅臣彪佳謝
恩畢再出班奏今年應
朝各官愆期業已三月前閣東南
覲官俱在淮安後淮安迫近虜警亦多退回

南京鎮江若待虜信出口報至江南已須一月待彼趨
朝便已曠廢半年矣
上曰
覲官已有
旨速催臣彪催再奏即奉
旨速催而虜退之後亦恐江路戒嚴東省又有土寇未必便能
即至今所在多事亟需正官料理彼署篆者每多貪殘不
法伏乞
皇上聖裁將未到各官暫免今年入
覲臣非不知

朝、原屬大典但權其緩急還宜勒限速回地方似於

國計民生所裨非小

上曰近來正官地方所留已多臣彪佳再奏即如考察一事亦

宜速舉今撫按計冊已齊科道諮訪將定若更耽延時日

恐劣官或有把持循良或滋浮議

上曰若有把持爾言官便當參奏臣再奏目前雖無其端將來

恐有其事

上沉思少頃曰

朝覲會試俱被虜警耽閣還須等待臣承

旨而退再候於直房

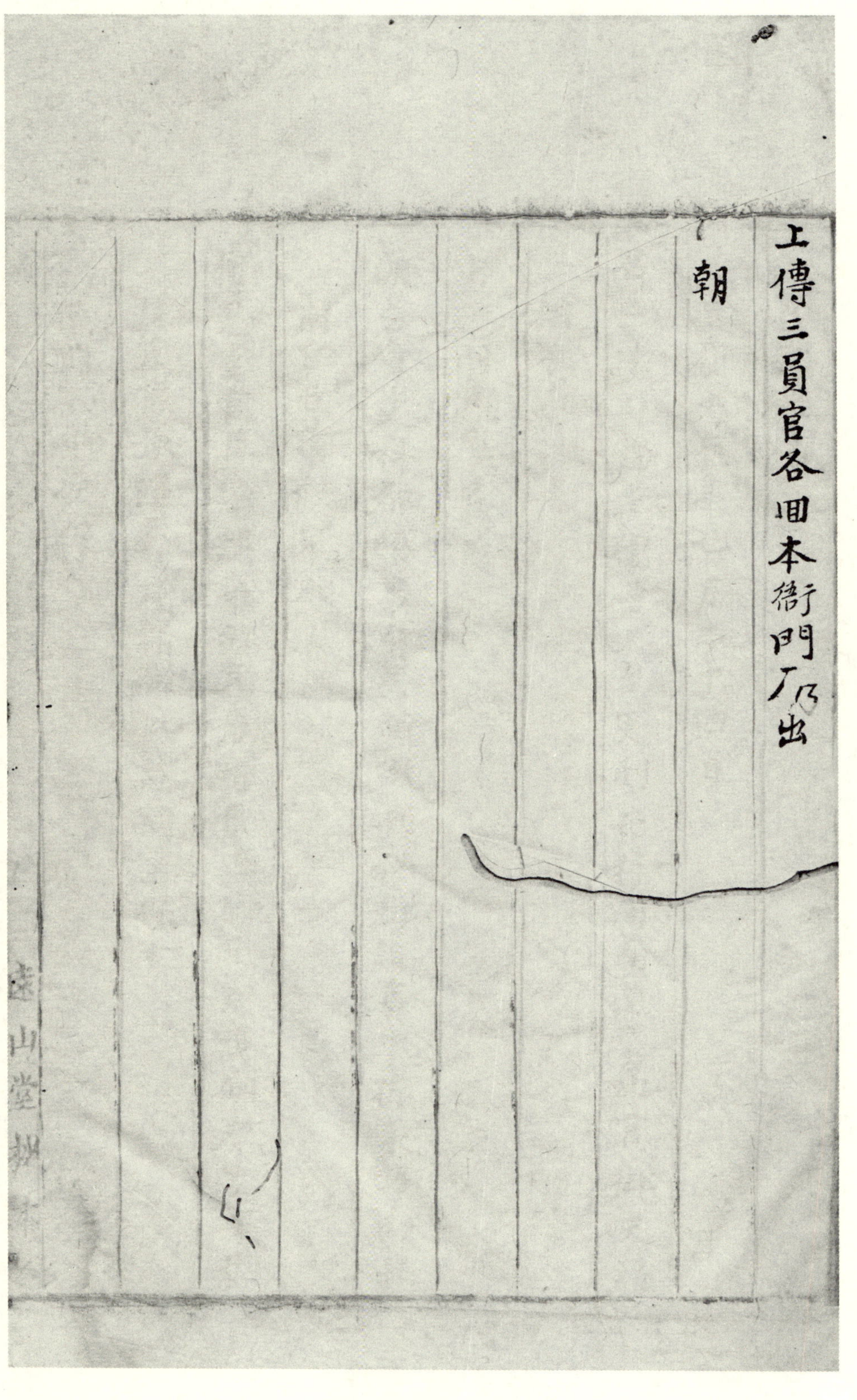
上傳三員官各回本衙門乃出
朝

新

召對恭紀

崇禎十六年七月二十四日

上召三法司錦衣衛堂上官吏刑二科河南道掌印官御史蔣

拱宸來

中左門臣彪佳於

朝房會吏科都給事中吳麟徵刑科都給事中孫承澤即與

同官臣蔣拱宸入

朝見堂官臣李邦華於直房時臣已有南京畿刷卷差與刑

科臣孫承澤會領精微批訖同坐候於

會極門下中使促入

弘政門候於
文昭閣旁之直房
上賜膳品錦衣衛官押犯官吳昌時入候於
皇極殿月臺下中使傳敕靜肅者再日午餘
上御
中左門
皇太子侍立案傍時補召冢臣李遇知亦至内閣同臣等叩
頭訖再叩頭
皇太子又謝
賜膳品

上召三法司
諭前録范志完等口詞何故遺漏刑科孫承澤語司寇臣張忻
對訖
上諭令審吴昌時一案須要詳記不許錯悞司寇臣張忻總憲
臣李邦華僉憲臣毛士龍寺丞臣吴履中各就案記注
上傳帶犯人上来吴昌時至即奏臣之得禍繇於外轉科道外
轉原係遵
諭科道即因此恨臣參臣遂有九疏參又有蔣拱宸之參
上諭蔣拱宸過來拱宸奏大畧言昌時居家不孝不悌及
皇上處分薛國观彼以為是他布置

皇上起用周延儒彼以為是他作用等語又大畧言親暱首輔
每於暮夜小衣往還結交廠衛現任喬可用花園
上傳喬可用奏係小房出賃昌時一時賃住後知為犯官車馬
如流即回令別住了昌時之奏大槩亦如喬說
上諭吳昌時大奸巨猾喬可用也不宜容留
上再問蹤跡內諸事拱宸昌時奏辯紛起
上諭朕問一款蔣拱宸奏一款吳昌時方許辯一款於是
上問首款結交廠衛次及通內與包承
温旨把持
朝政拱宸所奏者大畧以為王興仁一無籍棍徒遽作京營中

軍蓋因昌時藉為通內之據至指結交大槩謂寄金珠於
張叔緒家與趙思軒楊士拜為盟友指包承把持大槩謂
舊樞臣張國維被拱宸參調散劉澤清兵致臨清失陷國
維同昌時求之首輔乃票
旨云殊合机宜及參國維失陷藩封入票
旨云拱宸不得求勝又指范志完縱虜入口乃所奉皆
温旨凡參之者皆
嚴旨又候恂以罪犯起用棄汛不援乃得保全放歸以是為包
承把持之據昌時辨語甚多不能詳記大畧謂
旨意出自

皇上以
皇上聖明誰敢包承洩漏文辯去年九月方入都是時李端已
死王裕民已在獄何處結交
上云結交非此日乃往年事也昌時又刺刺以陞轉科道致被
誣參爲詞
上云陞轉固是遵諭其中原有私心然是臣彪佳以陞轉首發
昌時邪險當其擾扯時款一奏明而
天語明見肺肝惟悚服
天縱之英明不敢復瀆奏
上以昌時洩漏

明旨把持

朝政吏吾不認乃

命錦衣衛陳刑具輔臣與三法司先後奏請下法司

上諭三法司何耆肯問明官員不過擬犯人口詞代串一招吴

昌時奸猾必須朕前問明

命錦衣官較用刑一夾二十敲昌時稱頑認諸罪又云臣與延

儒原極相好

上諭爾與首輔串通把持何但云相好

上又諭首輔私人董承憲業已招攀汝更何得狡辯

上又命司琵臣張忻出於堦際問之洩漏

明旨把持
朝政汝果認實否昌時奏
皇上威嚴之下臣不敢不死臣尚何辯但拱宸所参臣俱擔認
范志完賄賂二事果臣預聞司寇臣惜㣲
命奏昌時招權納賄公論共棄請下法司逐款訊明輔臣亦過
奏新輔臣魏藻德言之尤詳
上乃命錦衣衛寬刑帶出又
命錦衣衛差官旗逮張國維侯恂訖時拱宸尚跪
御前
上問羅山八鎮之敗拱宸奏良久

上曰如此明是敗了拱宸奏臣不敢以爲不敗但辰時出戰至

未時方罷此是實情

上命將拱宸拿下先是兩臣奏辯時

上御筆不停

皇太子於案傍研硃捧茶帷謹至此

上溲溺

宸翰許時乃

命閣部及臣等過跪

上諭首輔周延儒豪蔽推諉及視師餙功卸罪狀又

諭次輔吳甡督師挨延要挾狀且以知人不明自責而欲遠則

恐傷
國體令錦衣衛差官催促來京候
旨又以言官失參二輔
命部院察處又以吳昌時初票回籍調理尚未奉
旨彼何以遽向人言
命輔臣察洩漏者諸臣承
旨訖
上以處二輔手諭賜輔臣陳演轉發錦衣衛臣駱養性衛臣喬
可用復奏
上諭喬可用不得瀆辨

賜茶諸臣謝訖出

朝翌日

勅諭下部院以舊冢臣鄭三俊悮用昌時議處察辦勦虜及同

首輔出視師科臣郝絅方士亮樞司臣尹民興倂拱宸偰

以扶同欺飾草職下獄昌時令錦衣衛訊明復逮喬可用

趙思洲等又聞東廠亦逮張叔緒等皆恭款中人而李景

雲楊十亦在其列事秘不能得其詳三法司已有記注録

上臣但以所憶及者恭紀之如此

上以回以可憶及諸恭記之如期

寓指示鎮在其列事機者能淸真詳三法回已打從捕

逸吳淵專入西奧極當速發撫轄院葺按中入淸寨

以敕回敕繕敕寧職千敕昌時合作大籍請明發速當可用

有隨掠報鮮料良部閣古士亮總功良平大要條報商效

勅諭下部院以議察臣部三議覆具留議連宸崇竊覆事交閱

覈覆日奉

旨本書臣議該

一件欽奉　聖諭事

看得廵按御史奉

簡書而出期將以上宣

主德下達民隱任至重也今察吏而吏弊滋安民而民生困其

何以稱揚斧之任乎我

皇上勵精圖治循名責實特頒

聖諭申飭廵方瀝瀝

天言蓋已如衡鑒之不爽準繩之不易矣吏

命詳議條列期於至精至當職奉到劄付悉心披陳謹遵節奉

明旨有關廵政者更以　憲綱

會典爲主附及憲體事例及先臣孫丕揚所刻廵方總約諸
書而參以近時所宜行者衍繹
聖諭條爲十款務使紀綱克振激揚有効以求仰副
聖心俯盡職掌至於
大賞大罰尤
皇上磨勵臣工之
至意職令以賞例稽之察
會典中載有回道册式二十八條其稱职者止於炤舊管事
近有廵按而經陞廵撫者俟俸滿而優陞京卿者與夫加
級紀錄皆因事推叙荷蒙

特恩未有刊載若夫罰例察
會典一款考核不稱及過違限期者參
奏黜又一款御史考察不公顛倒是非參
奏如律又一款巡按滿日將問過酷吏名數開報若自行
酷虐縱庇不究者回道考以不職又察
憲綱一款凡監察御史知善不舉見惡不拏杖一百發烟瘴
地面安置有贓者從重論又一款監察御史不許於各衙門
囑托公事違者比常人加三等有贓者從重論又察
大明律一款凡風憲官吏受財及於所按治去處求索借貸人
財物若買賣多取價利及受饋送之類各加其餘官吏罪

二等凡此

典章犁然皆所以示爭懲儆者若外此而行

大罰統候

聖裁非戢所敢擬也至於回道册式定於嘉靖十三年近年應

行事宜尚有闕載未盡合無將後開行繹

聖諭十款候欽奉

依准載入册中詳悉更定請

旨刊布俾諸巡按御史一体遵行回道之日即執此以考其

或舉或廢為倍為遵以明賢否核實

奏請以候

皇上之賞罰則一番勸懲在諸御史自當滌慮洗心恪共職業

矣謹將衍繹

聖諭十款開列於後伏候

本院裁擇施行

勿憚辛勞

服官誼先勤恪而巡方以一歲諮諏尤宜宵旦罔懈

會典於偏僻州縣俱令一體遍歷今即時日有限足跡難周

亦宜於經過者即行採訪未經過者聞出察核務在卻徒

屏輿不必攜帶道廳不必先遣牌票所至之處又須延見

父老商其興革躬歷鄉村詢其疾苦而沿例吊考使官吏

罪因奔走於數百里之外曾經申飭亦應併禁至收狀須

遞名親審凡陳告官吏取受不公等事者須親行追問

憲綱及繳約開載甚明所當遵守盖邇來

欽案日煩

奏報每苦不暇益宜節無益之應酬崇精於民瘼吏弊若但坐

堂按文閉門閱冊于民間休戚絶不相關雖日辛勞亦無

益也伏候

台裁

勿徇情面

御史原稱法官必方宜申憲典乃今情面蒙徇或有京貴

之閧說或有鄉紳之把持於是官評爲之顛倒民寃無從

辯雪至監司郡縣又多以供具爲結懽以迎送爲盡禮文

移一惟承順議論止知詭隨廵按官一入牢籠便墜雲霧

所宜以正大之胸襟出挺勁之骨力應駁正者即時駁正

應糾參者立行糾參夫挾制囑托具實開報原載

會典倘容隱事發廵按宜一併論治若騶從餼廩一切撙約

開載務從簡省出郭迎送

憲綱禁止昭然越境參謁近奉

明旨申飭所當一體遵守去其繁文縟節亦撤情面之一端

憲綱有云在我無瑕方可律人憲體中所載風憲官行止語

點必須循理守法尤端本之論也伏候

台裁

勿科贖鍰

懲奸剔蠹理枉申冤原非爲贖鍰地也近有助餉之例一加再加於是承問有司藉名科罰如拿訪一事必計多贓任其攀派波累及於良民而大憝反得漏網今後訪犯但察其横惡實蹟盡法懲究不得濫科賍良即有犯賍者亦當察炤律例分别入官給主若察盤以清理倉庫今亦止爲科贖之故事宜炤

會典開載出巡察盤不必會同以極期於徹底搜剔凡批審

詞狀貧民止擺站的決無罪止供明具録不浮槩擬有力
稍力至於公費出入與巡撫一體互報附載
憲綱而解京之外地方存留者開入回道册中曾奉
明旨矣推而言之謝薦禮儀之宜却和買物貨之宜禁里甲科
派之宜革行戶官價之宜裁與夫地方紳民奢靡踰僭之
端之宜杜皆所以行節愛之思留物力於民間者必棱不
可不加之意也伏候
台裁
勿縱吏胥
巡方者既在糾彈倍宜嚴毖必清內蠹乃戢外奸

憲綱載隨巡人役皆有限數今案牘日繁不得不因事稍增
矣使關防少疎則弊竇百出或有漏洩事情私收賄賂甚
則需索有司淩鑠佐貳種〻積弊皆繇巡按官率卞不嚴
所致關防之法已詳緹約今後入境之始即宜遵照
憲綱取吏承原籍結狀是否係良家子弟無奸貪罪名之人
方容承案走差有犯則立加懲革推之於司府州縣之吏
胥皆有大奸巨惡盤踞其中州縣作奸而懼發即充役司
府司府作奸而懼發又充役撫按所宜窮搜嚴訪勿使得
逃於三尺其舞文最甚者遵奉
明旨如江西之奸書

題請斬決斯足儆衆至吏書之貪贓壞法尤莫過於戸粮二
科大縣至二三百輩彼其混派錢粮酷詐里長罪難擢數
首當清汰而差役之買牌需索吸剥脂膏者尤廵按所當
痛禁也伏候
台裁
舉薦必真正應卓循良
察吏之法在詢事考言撮約括之十等已無遁情矣乃若
聞報止憑於道廳延譽惟採於津要則官評衡鑒是謂何
故必觀其文移察其年貌按其向来五事之實政與近年
四事之脩舉更詢之閭閻訪之寮屬則賢否便得其大槩

要必一舉一刺有當於匹夫匹婦之公心始見激勸之明效耳

會典款開薦舉方面多不過六七員或三四員有司多不過七八員或五六員先臣張孚敬議保舉止於卓異載在總約可考也邇來薦額濫徇方面甲科倖滿不薦便同議處於是明知平等姑謄薦牘察撫約中原有方面官員須立平書不薦一欵而甲科推知可以類推矣今後巡按薦舉酌量地方大小撫不得過

會典之額務必精掄極選可以舉一勸百其後明開事實憑為考驗倘此方薦而彼即叅有不能辭濫舉之追論者至

諛詞駢語久奉
明旨申禁合行一併遵守伏候
台裁
叅劾必真正大貪巨蠹
古稱攬轡澄清首見於墨吏之望風解綬乃今有恃其墻
壁工於逢迎或托芳矜之保留或藉横紳之庇護叅劾惟
及於单寒墨吏不知有儆戒矣論近來之貪蠹无異往時
加添火耗濫科贖鍰之外又有借貸富户縱容抽豐暗增
加派明通賄賂皆貪之大蠹之巨也
會典載御史論劾三司方面及有司五品以上指實叅糾六

品以下貪酷顯著者即便拏問又
憲綱載六品以下取問明白仍具
奏聞此典久廢似應申明備巡方客隱而别有糾發追論何
辭至於戒飭一節載在
會典憲體原以勉勵有司今則止及佐貳矣合將有司之行
事乖舛即槩行戒飭果能悛改隨與開復若積至戒槩二
三件者遵炤戒飭不悛即時隨事条
奏提問之款亦足以示考察之無貸也伏候
台裁
分别功罪

從來議賞議罰先須功罪昭明然必分別巡按之功罪而
後巡按可以分別人之功罪否則有功而通同冒濫有罪
而通同隱蔽矣如奉
旨監軍身歷行間克奏大捷者巡方同功可也不然則功不宜
敘如盜賊生發在於本轄以致殘掠者巡方同罪可也不
然則罪不宜及
會典載巡按御史止是紀驗功次不同許巡撫報捷良有深
意合俟督撫
奏報之後
明旨下巡方勘議乃詳詢情訪某也真功某也真罪斬彼防其

殺良失事防其匿報同一殲賊也而軍情之衆寡須分同一破城也而被攻之久近須別至塘報惟監軍用之廵按止宜糾叅其隱漏若一體具報恐涉扶同此亦分別之關係也伏候

台裁

興除利弊

古人一夫不獲猶之痌瘝在身豈其負安民之耑責者顧可置利弊於膜外但恐利方興而害隨滋故憲體所載重在詳悉訪問要必經久無弊耳今攷諸

典制如所謂倉穀之積儲易知之繇單農桑之樹畜陂塘之

水利興夫鄉約保甲養濟等事皆利也皆所宜興也如所謂苗後之混派驛遞之騷擾刑獄之濫禁刁訟之横行興夫假命買盜賭博等事皆弊也皆所宜除也但一方有一方之利弊一時有一時之利弊要必酌土俗之所宜審時勢之所便嚴竊盜害曲體民情其有事關

奏請者即具疏候覆令地方實見施行庶幾良法永垂耳倖

台裁

發奸弭亂

從來未然之防不可不預況今所在多事巡按者豈容佚患至圖之如通年流寇初起不過斬木揭竿備禦無策馴

至燎原矣齊楚之間有以衙役爲渠魁青衿爲戎首則伏
奸且在於肘腋北方之無爲白蓮等教江南之天罡打行
等輩皆足以乘隙爲亂按巡官宜密飭嚴訪早爲消弭若
倚監踞結聚方興誘勸議撫追論發端罪愆奚貸至於修
練儲備
聖謨丕張該州縣果能實心奉行豈至有寇虜殘掠之事此在
巡按官遵
旨嚴實依季具報若強盜之捕緝訊讞其法已載於憲體及緫
約中小盜清大盜始戢近來各處災荒饑民易於語難嚴
定分數早

請賑濟失策者即行糾舉宜遵
會典以行此亦弭亂之急務而其要總在固結民心使之知
親上死長之誼則衆心成城制梃可撻矣伏候
台裁

極弱鋤強

為政之道先在撫字兆民乃自弱肉強食而閭里之不安
已久如蠹役豪奴土豪窩訪彼其力能操官府之短長而
小民之受其詐欺又不必言矣近因訪察失真惟恐濫及
良善於是
明旨止令訪衙蠹然鄉紳有叅舉人有叅又豈少為勢豪寬也

所屬法不盡行則人不知懼今後豪紳劣衿有横肆實跡
者當令巡按官不時糾參不必待覆
命類報蓋有無拏獲權豪勢要載在
會典回道欵中巡按所宜遵奉而代為權豪勢要囑托曲庇
者亦當一併糾參者也推而廣之惡有所懲必先善有所
勸旌表孝義與申明鄉飲皆勸善之大者不可不遵照
憲綱憲體以行也伏候
台裁

一件欽奉　聖諭事

炤得御史巡方於吏治民生所關甚重蒙

聖明嚴諭責成加行大賞大罰此必考核得當則激揚自效前

院題請更定册式執爲繩準職今以

會典所載回道事宜恭繹

聖諭及

憲綱諸書參以近日應行條件詳括其中竊意整釐吏治安

集民生似無踰於此矣但典章雖自犁然要必奉行者有

实心實政方不以文具視之職所擬更定册式各御史炤

此行事申飭所屬可不必别爲條約回道之日逐項開報

其中或有無明註條件之下不得以無為有自蹈欺飾本院之考核執此以詢之輿評稽之案牘果能事事舉行實有一段澄清之績斯為稱職矣其中有舉有廢有合有違难免平常之考倘或陽舉而實廢明合而陰違徒事虛文全無顯效則考之以不稱職其何辭焉夫考核之法止於稱職平常不稱職三等若舉劾失當囑托營私受賕毀法

則

明例具在是以懲一警百矣若考而稱職亦臣子分內之事何

敢言功乃仰體

聖明激勸之

至意或令特陞京堂或加級加俸要必視任内事實確有令績

可擬而以其事之大小分等級斯賞罰攸宜而臣工皆知

所鼓勵也然職更有請焉巡方之功罪莫大於地方之戰

守倘於此責任不明則考核便难於畫一前院曾於恭繹

聖諭分别功罪一條詳明責任倘淂循此而行則巡方有所遵

守而於地方亦未必無小補矣今將擬更定冊式另冊開

具伏乞本院覆議施行

遠山堂抄本

其伏乞本院覆核施行

守所從審求無小補矣今諸務各分爲各部書

諭令各部切實將一條詳明責任各部經已奉行則從各部遵

宜備於此責任不明則考核無所施其一事之當否於本年

所設局之所職員有論察矣今冬所辦之事又若干而今年

可稽者以其事之大小分等級其未竣者則宜由臣工查知

呈覽就今諸監事處理如歲如擬遵照辦法由官書實施有令諸

一件欽奉 聖諭事擬更定 回道册式
一巡歷處所除炤舊案地方行事外仍須却從屛輿不必携
帶道廳先遣牌票於偏僻州縣每府酌巡一二處以稱周
爰之任所至之處必延見父老究晰利弊不得沿例吊考
止以坐堂授文閱門閱册了事其巡歷處所逐一開報
一舉薦過文武職官若干員務察炤
會典方面多不過六七員或三四員有司多不過七八員或
五六員文職薦舉列爲四則心行端方學識醇正者爲一
類知矣有方畧者爲一類理財有心計者爲一類才守無
疵足備驅策者爲一類武職薦舉亦分韜畧枝勇二則

俱要明填事实不得用籠通考語塞責一體開報

一薦舉過地方人材若干員務明開出處履歷具報

一薦舉過山林隱逸懷忠秉義之士及抱負邊才堪濟時艱者

若干名一體開報

一禮待過文武職官若干員凡各官賢能者以何政事獎勵明

白開報

一糾劾過文武職官若干員俱要指摘所行實事文職官實

開貪酷不謹罷軟浮躁不及等項除入境後

命外不時糾劾不拘次數仍遵照

會典三司方面及有司五品以上指實糾參六品以下貪酷

題著者即便革究取問明白仍具奏
聞凡署印官俟交代之日另行考核其有貪酷不肖者一併特
疏糾參拿問武職官亦明開應革職革任降調等項一體
開報
一戒飭過文職官若干員除佐貳官照例戒責甚不肖者即
行斥逐報部院外府縣有司行事乖舛遵照
會典案行戒飭果能悛改隨與開復若積至戒案二三件者
仍遵照戒飭不悛隨事參奏提問之條明白開報
一問革過文武職官若干員凡各官所犯情罪俱要開具節
略招繇開報

遠山堂抄本

一參處過不法舉人若干名務要明開所犯事實其豪横鄉

宦有無糾參一併開報

一舉明過孝子義夫節婦烈女若干起俱要察勘事實緣繇

開報

一察理過倉庫錢糧若干數舊管新收開除實在逐項明白

開報

一督解過該管額餉若干兩通計任内或全完或止完及錢

分釐併奉剳應催别項本折色錢粮俱逐一開報

一督解過贓罰助餉銀若干兩通計任内或全完或完及幾

分釐該地方支用若干存貯若干仍遵照

會典撫按官造冊互報其支解銀兩務要察實徵在庫者不
得坐欵厯支重支以致那動粮銀州縣賠墊逐一開報
一提督過學政生員要將作養過人材後日堪爲世用者若
干名開報
一存恤過孤老若干名口要將各府州縣收入及汰去冒濫
人數開報
一會審過罪囚若干起内分轉詳奉单審准待詳矜疑再審
辯理開釋四項各畧節招辭開報
一審問過輕重罪犯若干起務遵炤
憲綱凡陳告官吏取受不公等事者親行追問至於民間冤

遠山堂抄本

抑詞狀須逐名親審情節應有罪名者後發承問官成招
定罪仍嚴禁刁訟每次審准詞狀須從極簡以杜騷擾之弊
將親審發問每府州縣若干起具實開報

一訪拿過人犯若干起務要真正現在衙門充役奸惡衙蠹
首重粮户侵欺次及承行詐害按實定罪不許攤贓狡脱
至於土豪名色每多濫及無辜遵照
明旨禁革承問官將問過訪犯各抄全招徑申本院及刑部衙
門以杜濫訪之弊廵按官仍將每衙門所訪人犯若干起贓
贖若干数逐一開報

一追理過還官入官贓罰給主等項贓贖若干起凡應給主

者不得槩行還官入官贖罪一節須審實擺詀的決不得
槩擬有力稍力者無罪者止令供明具錄不得成招逐一
明白開報
一督捕過境内盜賊若干名凡各府州縣於某年月日獲過
強竊盜名數具實開報
一察閱過該管城墻墩臺有無堅固堪備守禦内新脩新築若
干座逐一開報
一點閱過該管衛軍營兵民兵等若干名内汰去老弱若干
清出隱冒若干逐一開報
一察驗過該管在場馬草若干束逐一開報

一察理過所屬鄉兵若干名保甲尤為弭盜之本曾否舉行
逐一開報
一察驗過所屬戰船器械銃藥若干件隻有無堪備守禦舊
管若干新置若干逐一開報
一所屬有無宣揚教化講演鄉約勸課農桑脩舉鄉飲社學
逐一開報
一所屬有無招撫過流移漫業人户若干名逐一開報
一所屬有無賑濟過饑民若干名貧生若干名逐一開報
一所屬有無開墾過荒田若干頃畝陞科銀若干兩逐一開
報

一所屬有無踏勘奏報過災荒若干處逐一開報

一所屬有無舉行義倉社倉足備凶荒若干所逐一開報

一所屬有無督脩過水利圩岸塘壩若干所逐一開報

一任内有無捐助過公費銀若干兩係何事件逐一開報

一有無禁約過[illegible]出巡所在濫支廩糧多帶護從及鋪設供具下程酒席等項具實開報

一有無禁約過按屬官員出郭迎送非時參謁及餽送土產等物具實開報

一有無禁約過合屬吏農攬缺曠役詭冒僱倩等弊具實開報

一有無禁約過本差隨巡吏書承差人等是否係良家子弟

無奸貪罷名之人如司道府縣閘草員役多有竄名盤踞

合行細訪嚴拿具實開報

一有無禁約過權豪勢要囑托公事曾否拿獲参問具實開

報

一有無禁約過合屬候缺官員营求差委擅受民詞及已經

考覈官占戀地方貪婪賄貨具實開報

一有無禁約過非法用刑残害人命官員具實開報

一有無禁約過尅減月粮索納月錢貽害軍士官員具实開

報

一有無禁約過包攬侵盜倉庫姦弊具實開報

一有無禁約過教唆詞訟結連衙役誣害良善刁徒具實開
報

一有無禁約過科派里甲如脩理供應等項已經條邉折徵
外仍復科派致里長復派細户其弊最大當行痛革具実
開報

一有無禁約過不肖官員指稱脩練儲備於罪名之外又行
濫罰穀米大藥等項折銀入己具實開報

一有無禁約過受賄聽囑淹禁罪囚官吏具實開報

一有無禁約過各州縣掌印官徭役不均賣富差貧勢豪詭

遠山堂抄本

寄花分小民破家蕩産具實開報

一有無禁約過動支舖行短少價值貪婪官吏具實開報

一有無禁約過賭博非爲遊手好閒地棍具實開報

一有無禁約過官民奢侈踰僭如婚喪服舍宴會等項具實開報

一有無禁約過抽豊遊客包攬關説出入衙門顛倒曲直具實開報

一有無禁約過借完粮倚城助漕等項名色用印票名帖稱貸富民侵入私橐具實開報

一有無禁約過奸宄戎首如比方之無爲白蓮等教南方之

天罡打行等輩具实開報

一有無棨約過積悪牢頭凌虐罪囚買盜板賍并數具实開

報

一有無禁約過訟師刁棍假藉人命鎖吊平民搶掠財物及

買和勒息等數具实開報

一有無禁約過積年衙蠹或充吏書或充皂快上自司道下

至府縣務要訪其悪跡嚴加究治其事情重大者遵炤新

奉

明旨奏請斬决巡撫巡按及刑廳衙門尤爲藏奸之所拿究充

須首及該巡按仍炤府州縣大小煩簡限定書手皂快額

數其在額外者盡行汰革將汰革究治奏請姓名具實開報

一有無禁約過鄉宦豪奴欺凌細户占產估債假命誣盜等弊具實開報

一有無禁約過豪民市棍用大秤大斛高擡物價欺詐小民具實開報

一有無禁約過差役買牌索賄坐圖催粮及不肖官不用里長拘人縱役下鄉嚚害小民等弊具實開報

一有無禁約過各州縣私加暗派並徵預徵勒取火耗扣除羨頭等弊具實開報

一有無禁約過多用夫馬騷擾驛遞等員役重者叅奏具実
開報
一有無督發過所屬易知緜單務與全書内粮額相符申詳
廵按須發里民遍行傳知方許起徵各屬是否遵行具実
開報
一興革過利害共若干事凡有興革在上項之外者另條事
件具実開報
一完銷過勘合共若干起要將接管并自奉各項開列號數
除滿前兩個月待續差御史勘完其餘十箇月内務要一
一勘明銷繳未完者仍逐款明開所以難完之故具實開

遠山堂抄本

報
一自辭
朝之日扣筭至交代之日并事完見
朝之日逐一明開有無違限其造册奏繳與題請各疏免候交
代明白日行具実開報
一任内奉有
温旨如叙錄
欽賞等項
嚴旨如
處分降革嚴加考核等項俱行全抄事因具実開報

督學御史回道考核事蹟除有與前式相同者炤款開列外
一歲科兩考賞過優行生員共若干名一黜退過劣文劣行
及他干犯名義生員共若干名一考補廪生員若干名一
考補增生員若干名一考進學童生若干名一曾否申令
諸生勤習小學孝經一曾否督飭教官釐正嚚凌浮詭之
習一曾否督飭提調官拿獲過指稱關通奸弊一曾釐正
鄉賢名宦等祀典一曾否申正文体皆係淳正典雅併其
餘未盡事蹟一体具实開報
印馬屯田御史回道考核事蹟除有與前式相同者炤款開
列外一察参未完及侵欺屯牧開荒等錢粮文武官若干

員一督解過子粒米豆葦課桑棗備邊備荒等本折錢粮
若干項每項若干兩石一督墾過荒地若干頃畝陞科本
折若干兩石一察理過秋青馬草本折若干兩束一督解過
所屬大馬本折若干兩匹一點驗過寄養俵馬若干項每
項若干匹一有無清察故絕屯地若干畝一有無清察屯
地变價銀若干兩一有無撥墾遁賊過廢晥養贍莊田若
干畝一有無察補絕軍遺地炤地認軍若干名併其餘未
盡事蹟俱一體具實開報
巡視茶馬御史回道考核事蹟除有與前式相同者炤款開
列外一茶易馬若干匹一苑馬七監開舊管新收開除实

在各若干匹一課過駒若干匹一苑馬寺庫貯銀實在若干两一招過茶引若干道一茶馬司実在黑黄茶若干篦一有無察出隱漏官茶一有無孳獲過私馬一有無召補牧丁併其餘未盡事宜俱具實開報

巡視漕儲御史回道考核事蹟除有與前式相同者炤款開列外一催儹過粮船若干隻本色漕粮若干石一催儹過帯運粮米若干石一督解過漕折若干两一督催過輕賫防夫銀若干两一儹過民運白粮船若干隻白粮若干石一清察過洒帯銀若干两一督濬過河道若干處一綜核過河道銀若干两併其餘未盡事蹟俱具實開報

遠山堂抄本

巡視鹽課御史回道考核事蹟除有與前式相同者照款開
列外一察盤過所屬實在各項鹽若干引一督煎過所屬
灶鹽與撈揉過鹽斗若干引一關賣過某鎮正額及存積
鹽若干引一督徵過運司各項銀若干兩一督納過小票
税銀若干兩一変賣過捕獲私鹽舡隻若干兩一拏獲過大
夥鹽徒若干起一督審過灶丁共若干丁一整脩過鹽井
若干眼并其餘未盡事蹟俱具實開報
外監軍御史原無定員巡視兩關巡視京通二倉御史經草
方設难定考核之式應令本差完日備造行過事蹟再行
裁定 爲此具册須至册者

一件欽奉　聖諭事

議得首輔臣周延儒自　召起田間蒙　皇上倚任最重眷禮最優遇合之緣古今罕遺謂宜竭忠圖報奏績安攘乃受事兩載但見民生日蹙　國計日詘虜禍日深寇氛日熾問誰首司撡席而致時事之艱危若此變理之效未彰責自難於他卸如近者視師而不能張撻勦之威策寇而不能持　任使之衡惟聖主獨勤宵旰靡與分憂臣扶戡定之謂何蓋政本之地一有朦蔽則盡失其公忠一有推諉則盡失其擔荷　皇上方以公忠擔荷望首輔而不意其朦蔽推諉若是也其中事情　睿鑒已自昭然而猶且頒不忍言之　聖諭以曲全元輔之體令延

儒捫心自思亦當愧悔無地矣　隆恩有屈公論难寬但大臣

處分應候　聖裁謹議

一件欽奉　聖旨事

議得要地督撫遵　旨會議應去應留及輕重處分等項時既

尚未到任今奉再議之　明旨合同官議单矢公確核除宣督江

禹緒已奉　處分無庸置議外順在撫潘承圖藉口缺餉邉偹疎

畧以致虜入黃崖関撫馬成名偵探不早堵禦無聞以致虜入

界嶺此二撫者自難逃於　國法而問誰爲督師則范志完也

平日之申飭不嚴事後之勦截未効亦厥罪維均者也職主

糾彈惟知有　憲典之难追若以虜勢猖獗范志完方拖賊北

還潘承圖馬成名宜嚴防接應不便臨敵更置俾之戴罪圖功

以策後效此恩出　聖裁非職所敢知也若宣撫李鑑久膺

物議秦撫蔡官治嘖有煩言江撫張鳳翮彈壓非據沅撫陳睿謨衆邁無能皆應速爲議去精選賢能以重鎖鑰之寄謹議

一件考核回道事

看得御史霍達儹運崇禎十四年漕粮真可謂勞績最著者矣本官奉　命在先年十二月是受事較往例獨遲報後在本年十月則完漕較近年獨早蓋繇其才畧優長而更实心任事以故當漕局稽延運道梗塞之際殫其血誠躬行催督凡三數往返乃使過江過淮過洪過濟一切如期今五百餘萬之漕粮漸登　天庾二十餘萬之白粮暫囤津城當虜警戒嚴而不至於贇盗者本官之功也且察清混派禁草費累催船不至騷擾漕蠹無以藏奸皆其釐剔之有效者至於舉劾之允當勸劄之多完與夫害來守城急公恐後總見其職守之修舉而自運拋

遠山堂抄本

棄船糧乙萬三千石又逃來所未有也節奉聖旨褒嘉歷經
諸臣　題叙相應准其回道管事仍候部覆優陞京堂以信
明綸以勸勞臣伏候本院覆核施行

一件回道考核事

看得御史徐必泓之按滇也道遠萬里時届三年考其參薦與
草皆出於一片任事之精誠而朗識練才又足以副之其任內
屢缺廵撫達酋肆虐滇土為之震揺本官籌畫調度擒渠首禄
昌文而五城並下又復討計寇殲叛酋普福遠此皆廵績之表
著者茲沓恭奉　聖諭專責廵方力行察吏安民之事職不
敢不仰體詳核如本官禁約過十一條一一與　會典開載相
符而　聖諭所申飭者皆本官實經奉行者也前此截考以三
餉未完奉　旨降級今計完及九分七釐之上現在另行具疏
開復至官承多案夫馬苛斃本官曾有糾參已經議處其他

欽件盡已完銷屢荷　温綸並無　嚴旨是真廵方中之矢志
興鳌力任勞怨有裨澄清者矣相應准其回道管事仍聽該部
遵　旨録叙示勸伏候本院覆核施行

一件考察事

看得御史陳羽白巡理茶馬當兵荒之後殫力苦心凡解
京及俵發各鎮馬匹俱已及額無欠而截考之後又經
俵解馬五千八十二匹則溢於額以外矣至於額該茶
引五百道本官凡招過報領一千四百六十道有奇則溢
額又且倍之若召補牧丁察核苑課緝獲私茶私馬
薦劾文武職官皆巡職之恪共者若遵奉　明旨
於巡內贖鍰存貯至七百餘兩兼攝甘肅於該年
錢粮催解過六分以上是又前差之所未有而可以
具徵其釐飭矣所當照例回道管事另行　題考

實授伏候本院覆覈施行

一件考察事

看得御史徐殿臣之督理印馬屯田也於孳牧地等錢粮無一不充足之於倫用寄養等馬臣無一不剔釐勘劄奉行盡完贓罰解存踰額而且糾劾不貸於道臣叅處時申於壽弁匪但職掌無忝更見風力表著矣乃當 明旨興屯之時而督墾荒地至三萬一千二百餘畝於所屬兵荒之區而貸發穀種至二千三百八十餘石尤實心任事之一徵也相應准其回道管事伏候本院裁奪施行

遠山堂抄本

林演本院溥奉旨行

今十餘石尤貴乞仕事以一[illegible]

百餘[illegible]

矣乃[illegible]

[illegible]

[illegible]

[illegible]

[illegible]

一年[illegible]

一件差同而劳異等事

看得御史監軍如山東陝西等處皆以巡按兼之至於 欽命特遣察萬曆二十年梅國禎監軍寧夏二十五年陳效監軍朝鮮俱以功陞贈太僕寺卿崇禎二年虜警吴阿衡以監軍而出亦奉有優陞之 旨其准差則未有可考也乃近如御史陳乾陽之賑恤山西御史周粲之督催兩粮皆特遣於巡方之外者皆准作一差况監軍之劳苦有更倍於此者乎即以御史王燮同時諸監軍言之在王漢已秉節鉞非但作差已也在蘇京即差巡按河南且不後於考核矣及察王御史所監陽懷東晋之軍調發最早轉戰最力極 藩王於河決之時救難民於流

徙之際凡將士之勞績俱監軍有以寧作之也且駐宿霑潦之中驅馳荒殘之地艱險備至瘁苦不辭此真能抱經濟之才而奮敵愾之氣者也及於奉　旨入援隨營催督復涉二千餘里之程而援兵五千餘名現在拱護　宸居先後行間計有七月此其勞勩實出尋常相應比例准作一差回道管事至於試職實授應候　題請彙考其守汛之功見奉　明旨俸滿日優陞京堂賞銀二十兩無容再議伏候本院裁奪施行

二

一件回道考核事

炤得汪道長巡方楚中適當流氛橫逞之際奉　旨護　陵使
松楸無恙其功在　宗社矣後以襄樊之陷致干　處分旋回
叙錄護　陵之功蒙　恩開復惟是督師丁啟濬疏稱阻兵以
致部覆奉　旨嚴加考察道長疏稱糧芻舟楫皆已先檄料理
原無阻遏且是時闖部報故道長以監軍布置令回師援汴識亦
机先一着厥後汴城不守中州殘破以致承德荊黃相繼告陷
則道長所言誠為有見而不得以之為罪端矣此案核明他事
更無可議正欵為之具稿呈堂適面奉　聖諭以失叅攷府本
道首當待罪候　處不便復為考核業經具呈辭篆候新掌道

遠山堂抄本

酌行但曾係經手特爲粘出存案核覆請旨且是否詳覆應行請旨
真無可疑並飭查其摺呈奏進而奉　皇上倚以爲大臣故有本
朝道有摺奏語有見而不得以之爲罪諸家其案機關在密
亂矣一書有嚴法行誠不當中外從取以致其效輕則演相嫁告隨
在朝阻其思開事熟故之尊以鹽運布置今回都擬評論
浣部奏　旨嚴加查覈道員紀論抵詣均准核查已犯職務
辨鉛訥　陛下切察　更爲據推厚倚部下放諸證循直良以
於林無忌其功在　若計其後以累聖之恩報者　專分獎回
路論其道真所以逐中道當論之讓遠以聞奉　旨無　覆後
一件回道給奏覆

一件回道考核事

炤得陳道長出按蜀中正值多事之際彌變銷患蓋已備極苦心矣察當日雖因賊入蜀中截考時草職戴罪然其先原奉有明旨云按臣但當察核功罪不必干預戰守致掣督撫之肘是則巡方之責任與督撫原有攸分不可以流氛之衝突爲乘驄之罪案矣且其後以護守　藩封蒙　恩復職是　聖鑒業已昭然覩其屢疏叅督師悮　國悍將冐功詞嚴義正誠巡方之表〻者正欵爲之具稿呈堂適向承　聖諭以失叅二輔本道首當伏候　處分不敢更爲考核乃道長之巡績種〻察覈已竣特爲拈出存案以候新掌道酌行

發[illegible]以救燃眉之急也

日當此[illegible]僅殘分不敷更爲挪移乃遂[illegible]之迴續權之各弊已

者查正殘爲外具福冊移回[illegible]本庫備以未奉二曲本過

諸況況其會諸各宮所院　圖鼎之四面嚴集正繳通以

入臨本未足其後以護守　諸封禁　因復撤出　[illegible]

限迴之以責任安措需各有復分不可以流充之前應爲專發

明言以故臣但當以標協謀本必千賴更多費撫以盾道

行美綫當日難回繳入臨中庫者時言糧庫罪並其先尚奏有

路諸燈道局收發餉中正道之事以原款發收還己給借給

一年回道務總書

一件恪遵　憲綱迴避讐嫌事

該職奉本院劄付令遵　旨將吴昌時一案據實勘議恭熖　憲綱一欵凡監察御史追問公事中間如有讐嫌之人並聽移文陳説迴避職察吴昌時籍隸南直而居於浙江亦屬桑梓且其初入選署以不行閧會本院衙門外轉臺員六人時以職掌相爭曾具兩单疏一公疏是職為摘發之人今復看議實有未便謹據　憲綱迴避伏乞臺臺改委施行

遠山堂抄本

疏　覆題回避林之臺改妄施行

年會同兩單銷一分銷畢職志類參之人令復者該衙有未便

為入覆署以不行回會本院衙門行轉臺員之人時以職掌相

陳說回避職掌吳呂時籍隸廣直而各差浙江[illegible]且其

觀一致凡選差御史進回公事中避如有應之人故[illegible]文

請職奉本院劄付令選　吉諭吳呂時一案椿實甚為允協本院

一件奉遵　憲諭回避言[illegible]事

一件直糾兇蜮神奸等事

勘得吴昌時通身鱗甲轉眼戈矛生平之伎倆在於依附逢迎晝夜所營謀惟是搆挑排陷望門希附則改頭換面以呈身入幕求容則舐痔吮癰而獻媚陰爲詭譎反誇作驅除邪黨之功明肆傾排偏矜有護翼正人之力援拜罪輔薛国觀遂欲覬覦乎考選串通逆案之馮銓因而假竊其聲靈舊冢臣清執之品自昌時入而銓政撓亂是累冢臣者昌時也舊首輔秉政之時自昌時至而議論煩滋是悞輔臣者亦昌時也若夫婪撫罪督之金珠必當有攫歒妓妖僧之淫褻豈曰無因當殘邑之銓除寧堪倒置觀居停之所主已見朋比漏洩　明綸原疏雖無確

指結交邏卒長安實有傳聞至於銓司係衆論僉同會場無預
買關節南闈宜聽部科之磨勘鼓狀不入打點之姓名與夫過
付之蹤迹难憑寄頓之筐箱莫攷因其大節已墮故此衆惡皆
歸耳論其事虚実不同據其人邪險素著公許共棄聖鑒難
逃伏候本院覆勘施行

一件特參漏綱等事

看得錢天錫當保定道新設之重任所宜滌心勵行撫循軍民而乃肆大狼貪廣行漁獵據科臣曹良直疏款指參如藉招募以得多金借調練以勒重賄扣解鄉兵之缺餉濫受屬官之餽遺科歛下至輿臺苛索及於佐貳甚至賑濟急需也而穀可折追包城要務也而銀可尅入一衙文之大典而索謝可以明言失城之重刑而得賄可以曲庇其他取盡錙銖不可以屈指盡者有一於是目中尚知有法紀胸中尚知有封疆手至於賊徒猖獗亟宜勦撫亟行若招安之輩取其金錢則反側有詞而劫掠仍逞故智矣此款而真尤罪之不可言者但事在彼中所應

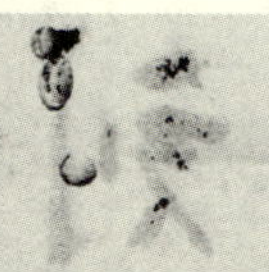

行保撫順按嚴提過付之潘煇齊時芳朱永祚崔繼振張五辰

劉之浩賈國賓鄭清鄭培元鄭養心賈廷捕等併一切証卷嚴

行訊質若其轉任嵩嵐道科臣稱貪婪尤倍亦當行山西撫

按一面察　奏天錫贓款重大應否先行革職以待審明追擬

出自　聖裁非職所敢議也伏候本院覆覈施行

一件特參漏網神貪等事

看得錢天錫之賄營巡撫也以納賄者言則重在唆使之情以營求者言則重在授受之事初之看議慮未有其人未有其地故須令孫鳳毛再為指實耳今據其再疏稱十五年夏間遣家人錢養吾等則有其人矣先齎財囊陽會銀未授廖國遴則有其地矣合請　勅下法司提錢養吾嚴加訊質則事情可明罪案可定也伏候本院覆核咨部施行

遠山堂抄本

一件恪遵互糾等事

看得國事莫重於封疆官邪莫甚於賄賂據御史孫鳳毛疏參科臣廖國遴楊枝起最重大者在推用巡撫一事此蓋封疆攸係倘於此而以賄賂把持則其罪有不可勝言矣察錢天錫賍跡多端經科臣曹良直所糾參現擬撫按勘問據其生平之婪職寧免此際之營謀惟是參劾密撫王繼謨與稱繼謨爲清謹者是否係國遴枝起唆之出缺唆之代部密室机關難以覩破在二臣居心不淨傾險招搖啧有煩言迯難公論但必此事之唆使真則賄賂乃實又必賄賂之授受實則罪案乃定御史孫鳳毛必更有的確可據當令再行指參要使直窮到底事

情彰著則受賄行私之大法必不容少貸於 聖明之世也伏候

本院覆核施行

一件遵旨察議事

炤得通來言官奏訐紛紜就中計有三案其一爲孫鳳毛參廖國遴楊枝起等在科臣郭充等道臣甯承勳等回奏雖已奉旨而薦蘇銓如道臣曹溶回奏尚未奉 旨推官吳蕚昌及道臣黃澍裴希度不知會否回奏至廖國遴楊枝起辯疏亦未奉旨此孫鳳毛一案所以未察議也其一爲甯承勳參吳培昌等在道臣何綸之疏雖已奉 旨而承勳而承 聖諭回奏之疏尚未奉 旨此甯承勳一案所以未察議也其一爲道臣衛周胤薦劉大畢等在周胤辯疏雖已奉 旨而道臣向抱一部臣劉大畢疏尚未奉 旨此衛周胤一案所以未察議也內有奉

速議速奏之　旨者仰稟　明綸即擬案呈結局而疏未齊

下應否據現在之疏先行具稿須或次案候伏乞本院裁奪施行

初

一件補陳敗類科臣等事

議得言路為　朝廷耳目居是官者必精白乃心請共爾位廣以仰對　聖明不愧職掌乃有工挑搆之謀恣把持之力如御史孫鳳毛所糾原任科臣廖國遴楊枝起者其可一日容于堯舜之世哉夫錢天錫營求節鉞鳳毛疏中已有持送之人壽貯之地而輦金入　都又見於科臣郭充龔鼎孳等回奏之疏是天錫之行賄實矣行賄實則受賄者誰以捍邊無過之王繼謨忽被糾參豈非借題出缺暗為天錫之地乎雖曰糾參出於御史寗承勲而承勲別疏則已供國遴手筆矣是其嗾使之故智亦且何所不可為乃謂嗾於前不嗾於後嗾於彼不嗾於此夫

誰信之恭繹 明旨據奏爾承勳參薦奏章悉屬他人線索

聖鑒已自昭然即其詭譎之秋蹤足為招揺之明証謹按此二

臣者制行乖方設心陰險封章代署忽而袖手以旁觀谿壑難填便

欲挿身以壟斷情弊一經糾發物議寔為沸騰雖其入垣以來

亦曾依附清議而今營私敗露則已盡喪生平矣蔡天錫先經

提問二臣亦已革任所應再候 處分仍遵奉 明旨俟天錫

訊明另奪至以喉留王繼謨言之在御史曹溶果曾稱之清謹

勉其夾擊然繼謨身任巖疆備禦無缺更置豈可輕言科臣方

士亮亦具疏請留要自屬於公論又以喉薦蘇銓言之在曹溶

爾承勳果曾一請優擢一請叙用然蘇銓臨清固守成效頗彰

時艰方且需用御史裴希度等皆具疏薦舉不可盡爲罪端
惟是或留或薦諸臣皆係單行而条薦稱留先後互見者溶與
承勲也所以鳳毛疏中有指示呼應之説溶與承勲已於僞疏
一案另行議處矣若宣大推官吴孳昌既有拒援之言當無
素賄之事相應免其深求揔之此一案與僞疏之又一案也雖
但關一時之曲直亦且係千秋之是非　明綸儼臨於上鬼神
指示其旁曲徇固非定評苛求亦豈直道要以據疏昭明矢
心公慎厭滛恭承　乾斷永息紛囂則世道之大幸矣
伏乞本院覆議施行

依已本院覆議施行

[illegible]

刓

一件吏道刓敝等事

議得官以言為職者全藉此一紙封章得以舒忠謇諤若夫袖裡彈
文紉作黎丘贗跡於是薦剡亦且致疑而栢臺為之削色矣御
史龔承勲寔授考居次等因歎以言自見未免代斲傷人廖國
遴假手屬草快其私憾此種險心毒手誠哉鬼蜮之倫也乃承
勲驅使惟命迨疏已拜矣尚不知疏意之所存至以三段糾參
認作一人事欺若醉若夢如瞶如聾豈不貽羞於言路而況
因此知彼以前証後其他參薦固有多出指使者乎御史曹
溶果有嫉惡公憤何妨抗疏特糾而乃避子民之跡巧借他
人以出名即曰草屬國遴而傳誚遴息亦豈正直之行徑至

如巡閩御史衛周徹疏薦樞材御史白抱一據揭糾蔡謂其疏
有假借此自宜周徹辯之何以　明旨未須溶輙倉皇出疏既
若為人剖白又若為己解嘲及周徹以賄疑溶溶即以賄加徹
反唇之訕語言矛盾合而事而觀已見其比之匪人輕浮反覆
矣即其平日奏章尚能表白而無柔此中之难測何也謹按此
二臣者一則愚蒙稟性驅役之柄在人雖誤信或有可原而假
倩流聞因已相傳為笑柄一則閃爍藏机好蔣之談自口
雖受賄原無確據而是非炫惑不免騰播於煩言相應分別
重處恭聽　聖裁者也至於閩臣衛周徹所辯薦才一疏
印文筆跡種種非訛自难别為疑揣然所薦之朱昂塗業經

披臣韓文銓備察糾叅何其先後兩截周徹於是乎乏知人之明矣但現在邊關應俟回道考核再炤兩案諸疏尚有未經奉旨部院據職案呈拜疏已請　簡發乃靜俟數日稟於限三日内具奏之　嚴綸合據御史奪承勲白抱一送堂揭帖即行看議統乞本院覆議施行

與聞御史衙門[illegible]
有[illegible]佛[illegible]
為人則白不多為己[illegible]
[illegible]之說諸生乎[illegible]合而事物[illegible]已見其[illegible]入[illegible]
[illegible]
[illegible]
叢[illegible]已本院[illegible]議處行[illegible]之所存人[illegible]
內具奏之　嚴[illegible]合[illegible]御史奉[illegible]旨[illegible]一[illegible]即[illegible]看
[illegible]院[illegible]已請　[illegible]數[illegible]於限三日
[illegible]回[illegible]查[illegible]遵[illegible]每[illegible]諸[illegible]有[illegible]春
[illegible]文[illegible]本何與先發[illegible]周[illegible]冬年之知入之

一件塘報事

看得御史嚴雲京巡按河南兼有監軍之責者乃朒縮於河北不肯渡河一步當諸鎮合援之時又不能鼓勵以解汴城之圍日下帥一旅挫衂輙稱輕出致移運期已奉 明綸切責看部院從重議處矣追計無復之乃謂掘河以運糧掘河以灌賊之萬寃之粮未能運賊未能灌而汴城淹沒蕩國迋播矣據豫按蘇御史之親勘所謂初吴口黑墕口朱家寨大小二口蹤跡昭然而朱家寨實為直射汴城之水道此雲京罪案明明可據者雖其意原主於運粮灌賊而事已決裂至此豫按謂之禍本者誰得原其心而寬之哉相應

議草仰候　聖裁伏乞本院覆核施行

一件闗門大典等事

議得御史喻上猷以順天巡按丁憂回籍據稽勳司移會本官以十二年九月二十九日丁父憂十四年十二月二十九日服滿不知在任官員應以聞訃之日為始據本官自具之疏稱聞訃在十二年十一月二十日若筭至十四年十二月二十九日是僅二十五月另九日耳是以本官疏中有起程在三月初六日之說亦明知夫宜以聞訃之日為始也即果如所言起程在三月初六日固為服滿之朔矣又不知縉紳守制近有三月餘衰雖例所不載乃情所必至本官雖有劄催未奉差遣是誰迫之頓驅車之恩從乎自楚抵京道里甚遠若起程於三月之初為

能到部於四月之杪傳聞本官起程實在正月二十六日是則
實步守制二十四日周宜乎短表之不免於糾叅也本官絶裾
而來旋即請養而去夫亦以公論沸然於心有大不慊焉者耳
湛重議處更有何辭者御史嚴雲京巡方狼狽重在摇河一事節
奉　明旨令撫按察明合候察奏之日另行看議至於原任基
臣成勇原任
拜臣袁愷夙著廉惠之稱久隆恍直之望彈劾不避要津田衛
可毋當大用已經部覆現奉　明旨令補本來行知其忠盡孚於
聖念　環典必蒞均被有無僕於再請者矣統候本院裁酌
咨部施行

一件貪撫播惡等事

看得原任宣撫李鑑一案吏部初覆巡按御史楊爾銘參疏奉

有李鑑姑着嚴飭宣殫遣兵入衛事平再行覈議之 聖旨及

吏部於分別督撫疏中奉李鑑着革了任員缺速催之 聖旨

而巡倉御史倫之楷臚列多款所奉一併察明速議奏奪之

聖旨吏部尚未察議也及分守口北道何謙辯鑑參疏奉 聖

旨該部院一併察議來說欽此欽遵本院始得將倫御史所參

同入察議之列矣職奉到劄付伏昭李鑑穢跡彰聞陰心素著

初因激變降處不二載而遽秉節鉞以嚴殫爲壟斷偏工朘削之

謀尤而效之於鎮將又何誅焉倫御史列款糾劾遍付有其人

指証有其事合行宣大督臣提解証案勘明追究以示撫臣不職之戒本官既已革任應否再行革職合候　上裁至何謙具疏訐辯不失地方相臨之體乃今已別調河間藉其收拾殘疆或免再議伏候本院覆核施行

一件直糾臨難倡逃事

看得户部侍郎王正志督餉東路則青州正其轉援扼要之地也何以一聞虜警又入淮安憶去年閏十一月十三日當職冒險北上之日值正志携眷南下之時科臣與職先後具疏糾參而商賈附行士民大閧之景象又一見于山東巡撫之疏再見于山東縉紳之疏伏奉明旨參其是否避賊自完謹按其跡已有避賊之狀則推其心寧无自完之情但今押餉四十萬已達都門是則圖桑榆之收者又當别論耳伏候本院裁核咨部施行

遠山堂抄本

一件遵旨直糾等事

看得原任秦撫張爾忠其初出撫秦中也亦有稱其勇於任事嚴於糾彈者而不意操守狼狽政治乖張如御史潘世奇之所參也摘其參款之大若守城捐助之充（冒）班軍脩濬之折乾與夫丁撫結權之金珠本官營陞之賄賂倘有一於此便爲冠裳大玷地方巨害矣況又若所參鄉約之採訪降丁之騷擾設庫養馬等創見種種乎夫臨行之際輜重滿途不能掩秦中萬耳萬目而訪犯之濫及必有案卷可稽所當行該督撫嚴加勘明以候聖裁處分者也伏候

本院覆覈施行

遠山堂抄本

一件京卿之甄別方嚴事

看得太僕寺丞賀王盛向爲樞曹時持論侃侃頗著風節乃今據王御史之叅劾何其言與行違之若是即王盛曾有辯疏以爲父子兄弟固惟然無他者是則何以人言洊至蓋畢竟見標揭有示稱呼有語以視聚順友于者有間矣若其娶戕霖之女翁壻如仇致髮妻異處則王盛業已自言之王盛蓋不幸而值胥肉之參商耳叅劾既及就列殊难所當解任回籍以俟論定伏候本院覆核施行

盧山堂抄本

候本院鑒裁施行

[illegible]

[illegible]

[illegible]

[illegible]

[illegible]

[illegible]

[illegible]

一件薊州根本重地等事

看得御史梁士濟巡按順天時於崇禎十五年四月初六日具用人一疏内有薊道朱國翰當戎馬倥偬處非其據如果難其人則見有監軍道臣王徵俊鞠思讓在薊此皆習於戎行胆氣才畧尚克堪任擇一轉陞薊道即帶監軍亦救急一策等語至五月十七日吏部覆督臣張福臻更道臣之疏以鞠思讓加陞叅政管薊州道事是吏部所據乃督臣之題用◎也按臣之疏係甄別條陳未經題覆與誤用之罪應有差等但鞠思讓雖非七十衰耄而後來失陷地方則其人必虛怭庸劣者御史梁士濟乃稱其胆氣才畧已失知人之明所當

量行降罰以為該道受過也伏乞本院裁奪移會施行

一件薊州根本重地事

議得御史梁士濟以鞠思讓一案議處而處法稍輕於舊督臣張楫緣者蓋以督臣係　題補案臣止條陳疏内薦及也今奉　明旨併責輕徇悞事是其罪有不能為之辭者又察得本官病困杜門廢　朝參以塵者六閱月矣本官以久病再三具呈職曾目擊其委頓不堪之狀冠帶閑住似亦非過伏候本院裁奪施行

遠山堂抄本

[illegible]

一件遵　旨回奏等事

看得宣大巡按楊爾銘疏条宣撫李鑑之示郎条爾銘矣夫是

非不両立李鑑爲公議共非現奉　明旨革任則反嗤之語夫

豈足憑　聖鑒原自昭然但以爾銘輕進私書故令看議耳

明旨責以潦草失體恪慎何在爾銘安所辭咎乎所應罰俸

示儆者也伏候本院覆覈施行

一件遵 旨據實奏明事

議得原任山東沂州道後推保撫丘祖德自司理以歷監司屢著戰功皆經錄叙在案銓樞科道諸臣懿好所同薦舉推用方蒙 簡命填撫保鎮而東省撫按糾劾之疏至矣在該撫按身在地方或當有真聞確見然何以 朝中公論初之稱之者後之惜之者衆口同聲絶无異議蓋緣本官勇於任事不免負才使氣按臣所叅盛氣凌人則被論亦有所緣乃其氣須剸而其才則可用也該撫按所叅丶单款律以考功當法相應解任候勘而合之公論稱惜則又當在免議之列若以封疆多故幹濟需人此際而文臣中有一能勵兵殺賊身先將士者乃時事

所亟需准留别用恩出　聖裁非職所敢議也伏惟本院覆覈施行

剳

一件朝覲事

熖得　計吏大典職叨預其間自當竭力失心以期澄叙乃一人聞見有限必藉於諮訪開報凡衙門在差在京各御史先期俱有訪冊移送矣乃近來多不繳回惟臨期收單以爲糾察之用其於方面有司賢否大畧未得要領而惟單是憑其不肖者或以無單而漏網其賢者或以有單而掛議奸媸顛倒則諮訪不早開報不明之故也今請各御史將移送訪冊擇大賢與甚不肖填註一二語於本官名下即四海之大未能周知而原籍與宦遊之地知之必真尤望明切填註其冊上必列諸御史銜名於是非公私之間便可衡評人者之品地矣此冊須自日

之內早行註明呈送堂臺覽訖轉發到職全款單仍俟定期彙收於完日同冊呈堂使職將賢否之評先明於胸次則收單之日果大賢者而被誣可以立為昭雪果甚不肖者而遺漏可以指名案款庶得仰佐 鑒衡清肅吏治伏乞裁奪批示併乞 劄下掌道御史轉行各御史一體遵守施行

一件朝覲事

焰得此番　計典因外報之應處者缺額數多且以破甑塞責

而新奉　明旨兼舉有司之廉卓是以職等前具堂呈嗣弁

小疏請於繳單之前各御史先摘開大賢大不肖之梗槩以爲

諮訪憑據蓋亦彷考選諮訪之例近者中業如此行之而吏

部題奉　明旨亦令科道官各舉極廉卓極貪汚者一人此非

職等獨爲創舉乃期約在此月初一日具簡明單冊呈　堂而

到者寥寥倘俱遲怠推延非職等所望於同心共濟世同官職

在糾彈自當留心於吏治況京籍宦游與夫皇華經臨之地豈

無真見真聞當是職等才劣望輕不能取信同官深切愧悚伏

乞憲批賜定的期劄下各掌道御史轉行各御史一體呈繳

施行須至呈者

一件朝覲事

計吏大典向來内憑諮訪外憑開報今撫按之開報詳核者
固多而以庸平破觚塞責者亦不少兼以西北地殘破已多而
節鉞邊臣又皆預爲甄別深慮額數不敷無以供糾拾是以此
番諮訪倍乞諸同志嚴搜博訪以期共副懲貪舉廉之明
綸彪雅實不勝引領企望所有事宜開列於左
一前是呈請堂劄先求賜教各省直賢不肖之大者今聖諭
既有大奸大貪之特糾又有不拘方向有司清廉循卓之特舉
則品評益不可不詳備矣求於賢不肖各指其一二事以實之
倘其事未易枚舉而輿論果爲僉同則或但加評語數句總之

期於精當耳

一昨見垣中諮訪以原籍宦游及皇華經臨之所畫地以請者

蓋恐推諉於此中耳吾輩職在糾彈海内之吏治皆當究心今

求推廣於此外開填愈多愈見衡鑒之精然更望勿於賢而步

於不肖也

一賢不肖品評近議恐填入訪單中不便尋覽用一簡明單册

擬於三月初一日乞呈送署篆堂翁萬望勿遲至訪單之收

俟銓部題有考察日期另當定期求教

一訪單多出於互換則十人不得二三人之用矣今求各出見

聞務在精覈昨向議每位以八人爲額内必需方面二員甲科

有司二員鄉貢有司四員若方面甲科數多者更佩澄叙盛心
单封上乞明註有議官共幾員內方向幾員甲科有司幾員鄉
貢有司幾員倘未明註或數少者即行送回不敢領教

遠山堂抄本

貢者回縣[illegible]遲銷矣明[illegible]至者部行遂回本縣領狀

東村王口明注有議宣洪發員內查回錄員甲抖為司發員歸

右回上派歸有本同日貢去過日抒數多者更派[illegible]

一件欽奉　勅諭事

看得監軍一差向來屢設屢罷皆因其勢因其時未嘗有常官也目今秦督孫傳庭以潰敗之餘方在入關料理想軍容未能遽壯士氣未能遽鼓也前此塚頭一敗尚歸咎於出關太早倘今復催之速勦以未練之兵當方強之寇万一以孟浪挫衂前鑒可為寒心且軍中多一持斧之使者彼將士觀聽必多瞻顧易起既抽自衛之勁兵又費師中之供億而監之於秦督則更有可言蓋孫傳庭才膽越衆自任頗耑　皇上惟當懸之賞罰課其成功若御史去而意見偶乖議論不合則傳庭且將藉口以推卸此尤不可不深慮者也若曰紀功核罪不宜充人則近

日秦豫楚淮等處諸巡按皆兼監軍之銜秦督行師勦寇不越數省就近紀核最為簡便唐臣裴度奏除監軍事不牽制卒成淮蔡之功今日之事於古可鑑若現在臺員果有智勇兼備者選擇而使誰敢不載驅載馳但職揆之時勢而切[竊]以為秦督之監軍有不宜設者如邇來范趙二督之師初亦議此後旋改之為察餉是 廟謨已早有見於是矣合行請乞 聖明勅部再為覆議伏候本院裁酌施行

一件為體　皇上安民養士等事

議得屯田一策非但裕　國亦以安民法至善也哉　皇上毅然舉行於　京東西設有屯撫道廳恪司厥事計東作西成啟陳在旦夕矣冢臣謀　國心長又欲推行於江北蓋因滁州原有草場而鳳泗徐宿之區累歲兵荒民間多拋棄之土地使得竭人力以盡地利將見荒蕪化為樂郊更推之江南如太平府之太陽湖等處經同知湯之奇天誠墾闢業有成效安知他等之可以墾闢者不盡如太平乎誠如冢臣議以滁州驛劉之太僕寺卿兼都御史衡督理江南北一應屯田隸以池河浦口之營兵俾之且耕且練無事則力阡陌有事則供捍禦誠兩便之

計也更巡察之以屯田南御史而擇廳官之敏幹者責成分理
勸農廣粟此今日之急務所宜亟行者其興屯事宜業經部覆
稟裁　聖謨即南北之土俗事勢或有少異倘有新設屯臣自
能斟酌奏請至於淮安淹設之田丈量豁與夫築壩設圩
是在該撫按力督有司早甦民困耳伏候本院覆裁施行

一件恭繹興屯等事

看得興屯與開荒異者蓋屯則官為政雖招徠墾闢究是官之所有民不樂從也西北多曠土原有在屯牧地之外若任民自耕之而免其起科則誰不願從事於畝畝倉箱殷陳民足而國自足此屯馬御史徐殿臣所以恭繹興屯不如開荒之　明旨而更有條陳也恭讀屯臣所奉　勅書內云[illegible]除官撥人夫耕種處給牛具種子外其餘招集有力之家儘力開種是猶指屯牧而言乃末一款云察炤該部近題開墾北直隸山東河南荒田事宜務要着實舉行則知當年一立法之意原無分軍民田土但有拋荒便宜督墾屯馬御史若能設誠致行

自可嶄次奏效　勅書原有開載似不必更爲添改也惟是近
來新推屯撫加設道廳御史職掌相關事權並重　勅書中似
應添會同督率等語庶其便於巡察責成耳事在肇始不厭詳
慎伏候本院覆議施行

遠山堂　本

一件郢　陵震動等事

看得逆賊猖獗踞荊襄而破承德楚事之決裂極矣傳淑訓當

以楚紳言楚事痛切中窾其所云恢復承天固守武昌與直

趨德安數者應聽督臣呂大器相机以行早奠南服惟是湖南北

歸併一撫有須亟議者蓋當日楚中巡方原止一官迨後以承天係

陵寢重地撫臣監軍護　陵楚地遼闊誠恐顧此失彼前任

王都院乃于十五年三月内題奉　聖旨將一管武昌等八府

一管襄鄖等七府今湖北用兵伊始荒殘之區軍需何出必

且以湖南之物力應湖北之軍需乃克有濟若仍分二撫則畛

域各畫求其呼吸相通有必不可得之勢目下承天尚設

一撫則護　陵已有其人按巡官可以遍楚周巡矣現在湖南巡按劉熙祚扣至九月已及一年當令造冊復　命其湖南地方仍應湖北巡按一總巡轄于四撫臣以畫疆堵剿揔一按臣正以流通血脈楚之事其有瘳乎前日以需責而于今日以相須而合要亦用因時制宜不得不然者也伏候本院裁奪咨部施行

一件罪輔未正天誅等事

看得樞輔楊嗣昌一案歷經五府九卿科道等官會擬節奉
明旨矣茲又奉旨罪同罰異之　明綸已經刑部移咨本
院劄下山東道議覆至張若麒亦經刑部擬結職俱不必
復贅外惟是盧象昇死事未卹為　聖朝激勸之所關
有不容於久淹沒者察盧象昇慷慨從戎勞苦倍至
戰死賈莊受四箭二刀之慘詞臣及撫按諸疏現在　御
前可按以死勤事在象昇最屬表表即今事久論定無
不以為忠魂之宜慰者近如原任秦督傅宗龍勦賊陣
殁蒙　恩贈蔭祭葬又秦督汪喬年之殉難亦奉

旨下部矣象昇事與相同襄卿濟加知　聖明所不鄙

也伏候本院覆核施行

剳

一件請䘏清忠憲臣事

炤得原任左副都御史張　南直武進縣人，繇壬子解元中萬曆己未進士，初授户部，旋調兵部。時方遼瀋用兵，前副院題覆章奏，切中機宜。嗣守外藩，在粤東則衛文秉憲執法不撓；在江藩則提兵入援，行師有紀。至於範偣之貞操，恤民之善政，則所在如一日也。屢起而屢以病請歸。家居布袍蔬食，授徒講學，薄田不能給饘粥。敝廬不能蔽風雨，超然自足，不問户外之事。迨轉璽司，二卿以到任稍遲，降改大理寺丞，陞南少京兆。時南都方值大飢，前院設法賑濟，凡給米瘞骼，保嬰養老，與夫粥廠藥局，皆備極苦心，全活無數。以南勳卿轉僉院，時即抱有噎

食之症矣感戀 聖恩力疾赴任旋轉左副都御史值總憲臣
劉 去國之際勉理院務面承 天語思以振飭紀綱為己任
及恭捧 聖諭申飭巡方將行大賞大罰前副院於康務中猶
條奏事宜而其病已深不可療治蒙 恩允放移疾城東竟於
月十七日身故數日前飲草遺疏攄其忠盡以疾革中止死
之日囊篋蕭然遺言以布衾薄殮不受奠賻長安聞之皆
為隕涕盖前院田甲（外和內行得之性生而又）精研學問得孔孟朱程之奧義故氣骨
堅凝而出之以冲淡識力卓遠而本之以靜深所謂清畏人知
誠能格物前副院有焉察得 大明會典併 卹典條例內一
款三品官曾經考滿者祭一壇全葬未經考滿者祭一壇減半

造塋又察得三品以上大臣在任病故者例從　優卹崇禎十三年十二月内原任太僕寺卿曠鳴鸞在任病故部覆比天啟七年本寺卿李如檜光祿寺卿丘度例贈官蔭子奉　聖旨曠鳴鸞准贈工部右侍郎廕一子入監讀書欽此前副院雖已請告尚未離京似可比在任病故之例至於念其清忠　賜之謚典則恩出　上裁非職等所敢請也再炤前副院年垂六旬並無血胤今孤櫬旅邸無能為之陳乞者職等痛惜有懷仰　聖明篤履之愛知　恩典不靳謹合同官以請伏乞本院覆核具題施行

遠山堂抄本

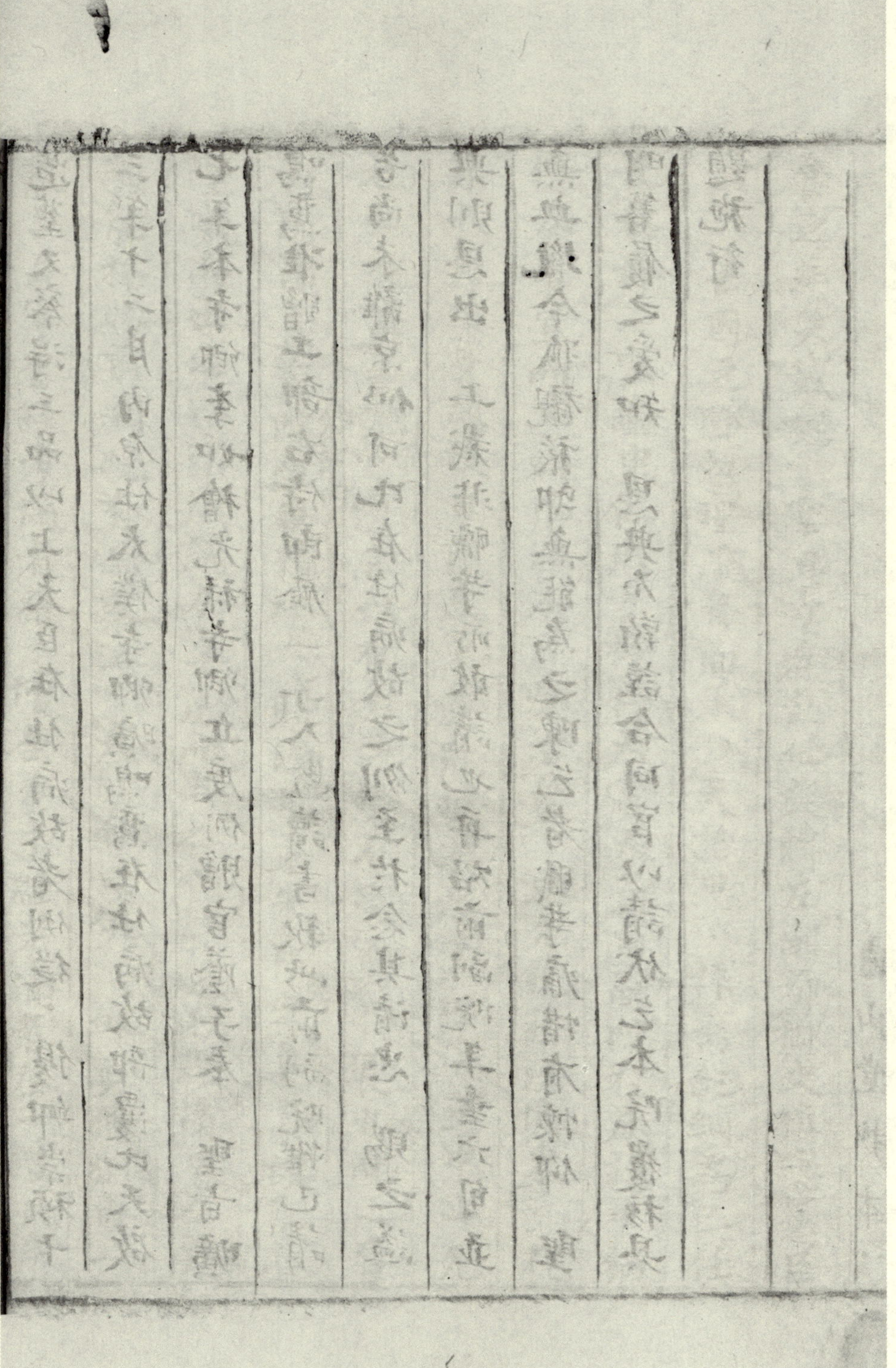

一件遵　旨奏明事

議得立法所以懲奸宄慎刑所以全好生是以明罰飭法與議獄緩死並重于大易也近來秋決者每省每歲不過數人餘皆廋死福堂已耳至於應立決者近亦多同監候則亦要因服念之意仍恐有殺及不辜故監候以俟巡按之再審然而與秋決無別矣又寧無失出之慮乎近奉有以後決犯有應立決秋決的俱着註明之　聖旨是則寬嚴緩急確有法程矣可以遵守矣但令立決之　旨一頒恐更無敢於監候者則凡外而撫按開官內而法司堂司倍宜致詳致慎必贓証兩明事情昭着然後可以引立決之律倘若稍涉狐疑勿得草草成獄有辜

遠山堂抄本

聖明如天至仁是又申明於法律之時合請　明綸以惓惓告

誡者也伏候本院覆議施行

一件謹陳清街之法等事

看得守城以詰奸為第一義詰奸則莫良於保甲科臣郭亢所陳分甲為廂分廂為社廂每社各有為之長而以壯丁隸各社中是通保甲之意又寓之以鄉兵者法殊善矣但 都城保甲業經巡察御史逐戶沿門編派已定倘又易為廂社未免復起紛更似應仍如舊制以保統甲以一甲統十戶惟令御史時加督率譏防則提挈得法呼應自靈矣巡察向委十員近雖團巡城御史有奉差議處及差滿更替者以巡視一員兼之而每城尚各有一員以此督率譏防不必更議添設也伏乞本院覆核咨部施行

一件榷取甚徵等事

看詳近畿抽分竹木之局凡五所後以其四局歸之工部惟蘆溝橋一局仍差御史巡察者蓋非但司榷税亦以寓譏防也但每月所榷額数止一百五十餘金而吏胥等工食之費幾去其半商民錙銖之供　内廷仍不過半收其用為可惜耳今議以巡視南城御史兼之則吏胥諸役可以裁省節経往返商酌除局官一員應留外坐本差吏書二名跟办看所二名局吏書二名巡軍二十四名三家店橋戶十六名兩廠水手二十名各裁其半皂隷八名裁去二名每月共裁省工食二十七兩二錢以廿萬樽節之意至　旨意官等工食所費無幾別無可以措

慶所應照旧以此樽節免貧民荊條毛柴麻柴沙絲樹皮姜苗
茗箒等項之税則在官之所省雖有限而在民之受惠実無窮
不必議更差制而借税横徵之弊亦可杜矣伏候本院覆核
施行

一件庫書串謀等事

看得廠庫一差錢粮頭緒紛紜釐剔最宜清楚向來巡視者三月一更方資釐剔旋即交代是以弊竇滋多莫可窮詰合無照六科公議改差為半年在本衙門有如巡城之例庶奸弊可清而急需有賴矣伏候本院裁酌施行

[illegible]

[illegible]

[illegible]

[illegible]

[illegible]

一件臺差之人等事

照得臺員奉差向因實授者之人以故間用試職近奉聖諭試御史必須分別去留不得循資挨數緊題按差欽遵在案今察現在已經實授者止御史潘世奇徐殿臣二員世奇見管太倉殿臣考核已上未奉明旨不便題差其差回御史陳羽白王燮霍達雖屬旧資未尚實授羽白王燮未以考核未經奉旨不敢請考而霍達巡漕復命諸舉核疏尚未奉旨且不敢為之考核矣旧資未考實授新咨李陳玉等又不便越次請考今諸差如長蘆太倉兩天淅江真定淮揚陝西甘肅皆先後報滿候代而應安學臣徐之垣又以病請美武錢粮綜核

之所係或地方巡察學政考課之所關恐俟代病　請者料理
步蹤其情悞雖小伏乞本院具　題請乞　聖裁　簡發陳羽
白徐殿臣王燮考核之疏及霍達舉劾徐之垣告病之疏以便
一併考覈作速接差庶於巡務有裨而臺規亦肅矣

一件臺規振肅伊始章奏考核所憑亟請簡蕆諸疏以便

回道奉差事

炤淂民生之休戚吏治之清濁全係乎巡方而激勸巡方又全

係乎考核哉　皇上屬意澄清特須大賞大罰之　聖諭令院

臣詳議條列前副院張力疾條議於二月初十日具欽奉　聖

諭事一疏其中以舊典合之一新綸特請　聖裁俾執此爲考

核之繩準此疏現在　御前令諸御史鱗次復命伏乞簡蕆

前疏俾淂奉以從事庶俾勸懲更有請者諸御史復命之疏

奉　旨始淂爲之考核考核之疏奉　旨始淂爲之　題差

題差之疏奉　旨始淂出而效驅馳於爰諏察巡漕御史霍達

舉劾四疏於崇禎十五年十二月二十二日封進巡按廣東御
史柳寅東舉劾十二疏通政司於本年二月二十三日封進巡
視兩浙鹽課御史馮垣登舉劾錢粮等共一十三疏通政司於
本年三月二十一日封進伏乞皇上簡發以便考核至於考
核茶馬御史陳羽白考察事一疏本衙門於十五年十二月二
十六日封進併乞皇上簡發以便題差至於題差福建
道御史職彪隹差官炤刷文卷事一疏本衙門於本年五月初
八日封進併乞皇上簡發以便奉差察核此皆臺規所關伏
遇本院振肅伊始乞台裁具疏題請施行

一件請　題考授事

炤得御史考准實授方行奉差原屬定例年來因差多員缺於是以試職權宜行之自崇禎十五年四月内恭奉　聖諭挨差必先實授欽遵在案但試職雖期於一年而察宣德三年之開載則止歷政三月再察正統六年之奏准則止閱刑半年去年緣接差需人故考授于四月之内今御史向北等十七員試職已八閱月矣諸御史拜　命在虜警方殷之日廵察坐門與奉　命察餉皆倍爲勞苦察廵方報滿候代與外轉出缺者計一十四差皆有地方職守之關係前因舊資未得回道新資未考實授以致差缺壅滞今則更难緩待除試御史李陳玉以廻

遠山堂抄本

避魏璫以告病何綸以養親各回籍外其現在試御史北向任
天成蔣拱宸劉憲章黃耳鼎傅景星吳文瀛鄭封熊世懿賀登
選李植裴希度白抱一李挺趙譔鄭楚勳俞志虞等亦應一體
考試者也至於舊資御史有奉差回京尚係試職者奉本院議
於考核之日果係稱職即准實授當另疏 題請恭候 聖裁
其有在先已經回道奉 旨再考另考如試御史張懋爵王變
與前院已經考核具 題試御史陳羽白似應一併考試者也
伏候本院裁酌擬定考期 題請施行

一件請明回道　憲規幷定先後次序以便考核事
炤得御史巡方回道考核　會典開載甚明近奉　聖諭嚴飭
前副院條議回奏請將　聖諭內事宜增入　會典更定以爲
考核之準此疏現在　御前近始　蒙本院疏請　簡發今諸御
史先後復　命至　京地方差缺甚多差規須新舊間註回道
似不容緩或先炤舊例考核或須俟條議疏　簡發更定之後
伏候　憲裁至於考核應以見　朝先後爲序註差應以回道先
後爲序今察見　朝惟御史霍達最先次及御史汪承詔陳良
謨馮垣登柳寅東乃霍馮柳三御史舉劾諸疏俱未奉　旨難
以考核應否先將汪陳二御史考核呈堂統　批示施行

遠山堂抄本

一件請更巡視等事

議得巡城一差伏奉　明旨以半年爲期當日考授者多已㊞

差出現在寥寥晨星一旦驟聞虜警於是南城以舊咨御史充

而東城之曹御史西城之潘御史且以别有　題差者而兼之

矣此時拮据城務較昔倍爲勞苦蒞事久者已六閱月近者亦

三月南城之姚御史業已　題差北城之余御史亦將次需差

固宜其各具呈請代也但察試職御史坐門巡察别無剩員若

以巡察各城者即劄委一人接印巡視以其一人爲之副於事

勢爲便而兩御史共巡一城力亦足辦矣但巡察之委曾經

題明今改一爲巡視悉須奏　請似亦未便合無仍前管理

俟解嚴之日即行更代亮諸御史當不辭此日月之勞也職更有說者憝在門庭一切巡城之任視昔更爲重大恐日久而法玩當此虜將北折之時伏乞本院申飭巡視巡察諸御史益當奮精勵神勿生倦怠保甲雖已編而時須點核夜禁雖已申而時須偵防於凡積煤通運戢盜禁奸爲　明旨所屢頒者益復鼓勵率作於安以集人心消彌奸宄則　輦轂之賴藉誠非渺小也統俟　裁奪施行

一件欽奉 上傳事

炤得崇禎十五年十月十三日恭遇 聖駕御門點闕
朝叅不到官員奉 旨着各該衙門堂上官指实奏
来察得本衙門廳道等官除已到者俱當日於門籍内
畫押記呈門各御史俱經 題知奉有 欽依無容再
察山外御史 梁士濟以病註籍曹溶奉差巡青十一日
辭 朝出巡大壩等處姚應翀巡視南城傳景星黃耳
鼎協同巡察南城俱住宿城外任天成劉憲章俱巡察
東城據稱住宿處離 朝甚遠不能趨至蔣拱宸魏
琯是時已奉監軍之 命各有公務合候察覈回日

遠山堂抄本

自行奏明惟楊君橋雖巡察西城而道路甚近

王燮雖未經回道而已領牙牌皆無解於失朝之

愆者伏候本院覆核施行

一件春祭禮儀事

照得本年二月十九日清明　陵祭大典例應御史糾儀今除照例派定與借派司務照磨二員外尚缺七員在守門重務未可刻離巡視各城亦有專責今不得已擬中城西城地方較近以巡察御史各二員上　陵巡察夜禁等事即以巡視舊資御史兼攝其南城東城北城地方較遠以巡察御史各一員上　陵留一員兼攝時當戒嚴合乞　堂劄申飭加緊防範應否題請伏候台裁施行

遠山堂抄本

題請改補各缺疏稿

題為遵例舉劾當行議合具[illegible]遵旨申飭[illegible]

員缺其開缺事缺已補[illegible]

巡撫御史各二員上陞[illegible]

劉雜泥覆各缺亦有奉旨今不得已纔中缺西以地方[illegible]

陪尚仍至淡稽孫的確陪春三品外以挨補部[illegible]

陪請年十二月十九日請旨[illegible]大[illegible]

一件春祭禮儀事

一件祭祀事

焬𣲖夕月壇隨　駕糾儀御史戚已開列刘蕙章黄耳鼎二員

呈堂矣今黄御史以抱病又行轉假蒙堂批寬假十日恐悞

大典合請改委御史吴文瀛伏乞本院裁奪施行

遠山堂抄本

大與合諳改委撫安吳彥藩按已本院較查施行

呈堂來令遵撫安以德為令行體微案當指宣德十日赴捷

照詳乃日遵照　驚嶺後撫安行已題到效仿縣等處奉票二員

一件參劾事

一件振肅臺規等事

看得御史蔡鵬霄以才品蒙　欽授久歷臺班資俸实無出其右者初試巡城巡橋並著勞績及督理省直餉務設解領面免之法而輕重惟均彼此稱便於練餉扣儲一時而庫多數十萬金尤先後絶廿之事奉　旨選差左宣大前院原以清心敏手越序差之疏在　御前可攷三載荒徼截考再差凡與屯餉偹講武衛文積粟脩城無不殫厥心力皆有實績足紀屢荷温綸紀錄二次　欽賞四次加俸三次臨陛准加一級一次又奉京堂缺擢用之　旨是蔡御史之恬脩勤幹茂豎遠猷久在　聖鑒之中卿貳節鉞隨試堪任允宜正推京堂者也

遠山堂鈔本

再炤向來推陞有一正當有一陪而正陪皆當以俸實差為主令曰資深則以俸亦必深差亦必多耳未有差少俸淺而但論虚資者也察衙門資與俸並深且差足者如梁士濟現在議處俟旨其歷六年之實俸經截考再差與原准作二差者如張懋爵涂必泓或未經實授或未經回道並無堪陪之員合俟吏部擇別衙門陪推伏俟本院裁奪施行

一件察飭保定御史病劇等事

看得察飭保定御史魏琯前以中痰抱病具疏矣迨後閶家
難而病更劇撫臣亦爲之具疏則知其憂與勞兼病有非假
托者所當准其回籍調理病痊補用但保鎮爲紫馬易水之要
衝目今虜信西折則抱截信宜嚴緊保撫尚未蒙簡用舊撫
以候代之人不可無風力以共濟刻下虜警方殷懇候魏御
史告病奉
旨然後選差則曠廢時日將生失事機合無選
擇敏幹長才山東道試監察御史傅景星恭候　欽命刻期前
往交代此爲重鎮綢繆之計非職所敢擅便也伏惟本院覆
裁施行

遠山堂抄本

一件微臣蒙恩已久事

看得御史實授之後即得叨蒙　聖恩邀有　封典此例從来已久非但吳邦臣等為然也御史黄澍於十五年十月日奉明旨特准实授時即　封典可邀但以奉　命賑汴驅馳不遑耳今特爺危疆方不敢自有其身而頓亟欵得　一命榮所生此人子必至之情倍有可念者事例實符允宜　請給伏候本院裁奪咨部施行

本院奉答部議施行
職入手之處以情諸有可念諸事例費當之宜　請給旅俸
具令錢谷應編古不敷自有其分兩顧與[illegible]一命其所道
明旨轉催業據詳即　封與司但臣等　命將詳確不遑
已久非但異即臣等為請之御史議十五年十萬四年
者據撫臣賚敕之後即得司數覆　舉屢有　封回此例發遣
一仟擬臣於四已久舉

一件學政事

看得北直督學一差其初註差者前掌院劉　也其後移咨

會　題者前副院張　也前院矢心公慎以御史陳純德爲正蒲

世奇爲陪蓋資序既已相應而程才律品皆有堪衡文之任者伏

奉　明旨確核誠以首善之地選擇須嚴今學差正陪並列原

以恭候　聖裁　點用此外御史或未回道或未實授或已奉差

无可別選歲科二試未便久稽伏候本院覆核　部施行

遠山堂抄本

一件驚聞母病等事

看得試御史李植鄉邑殘破家屬慘殺僅存老母而一病沉困
迎養不能此人子最苦之情境也厥母病勢已極待子一訣本
官痛哭陳請例有可援況差序尚遠察無規避伏乞本院勅之
限期俾省親之後即來供職俯賜　題請施行

遠山堂抄本

一件學政關係等事

察議得徐御史以危病乞歸據疏稱積勞嘔血爲道
府諸臣所共見共聞自非假托衡文重寄士習文體之
所關固不可以一日卧理者似應准其回藉別選接差
者也伏候本院裁奪施行

者也林侍郎本院衆會完竹

所聞固不可以一日因循務於虛詐其所謂[illegible]者

循諸直所非見其謂曾非徒托諸大體事指大[illegible]

察議諸務詳史以示庸門聯書[illegible]

一年祭改圖後[illegible]

一件學政關係等事

察得江西道監察御史徐之垣差往提督應天等府學政告病

奉 旨准回籍調理前差相（應）更替今察有江西道監察御史

徐殿臣才品並茂資望俱優相應為正但其他御史或係原籍

廻避或皆未考實授不便陪差察學（預）差有歲科二考未便久曠

而洛會往返動費數旬合無將正差行咨 部先會稿揭進

闕俟考授御史 命下之日即補陪差職名咨 部以便具

題職等未敢擅專伏候 台裁

[illegible]

一件學政事

看得學差例列正陪，近來旧資御史除已註　題別差外，現在止有陳羽白等五員，或未實授，或未回道，並無堪陪之人。據部咨，歲科二考難以久曠，不得已，或即以御史徐殷臣单　題請，旨庶考期可以不悞，而士習文風早資釐整。伏候本院裁酌移咨施行。

遠山堂抄本

一件恪遵　憲綱事

看得　憲綱開載原有嫌犯迴避一款今王志擧既隸籍京師御史吳邦臣三世居京且從北籍發科委與避嫌之　憲綱有符者合請改委會審伏乞本院裁酌施行

一件差内餉額已完等事

看得御史凃必泓前沓截考以三餉未完前院題奉
旨降一級留任再廵今前餉已陸續完觧計在九分七釐
以上滇南天末能使輸解如許足以覘廵方之急公矣所
有降級相應具題開復伏候本院裁奪施行

遠山堂抄本

一件巡按官員事

察得山東一差當殘破之後收拾倍难有实授貴州道御史余日新敏練樸誠足稱斯任合當

題委本官陪註屯馬現在候命而山東屢警方殷似難緩待至此外御史皆未經回道未經實授併無可倍註之人應否单

題伏候台裁

遠山堂抄本

越山堂抄本

一件棍徒需索無厭等事

審得秦嘉樂以積猾竊充坐糧廳比科吏，辦爲奸不畏扞網，作弊可以喘天。巡倉別暨漕蠹列款參究，職等公同嚴鞫，而詐欺之狀已無遁情矣。海寧所已故運弁只學文掛欠糧銀，其妻沈氏稱有寄頓俞紀如家九百九十六兩、王鳳臺家大伯五十兩，經浙江糧道具文總漕移咨戶部，劄行該廳拘比。紀如托王君奇於十五年七月二十八日付嘉樂銀五百兩，九月内又付錢四萬文，今察在庫者止四百四十兩、錢四萬文耳。此項借名侵收已六十兩矣，外又勒其走部使費五十兩、差錢三十兩，此紀如對質時嘉樂所俯首伏辜者也。至於別款據總

督倉場咨稱十五年豁開之銀尚未解到十四年京通之比與
簟夫等項之應扣存者尚未銷算可不具論乃即此多贓已見
其貪心大胆一、或有死不能辭者王棟即王醫子係行牌差督
審於差錢三十兩内嘉樂與銀三兩相應一配馬麟即馬林經
革戀役亦當與杖嘉樂原贓應追入官

一件漕法日嚴等事

審得漕粮顆粒皆民間膏血運弁歷盡風濤方抵通務而不意官役經紀層層需索乃若是之甚也當漕粮過壩盤剥例以經紀承充彼每石脚價一分九釐因曰以爲召募撑夫等公費也乃此外又有總包之錢每石乙十五文非需索之一端乎其尤爲壞法者在擅用大斛一事迺倉倫御史據運弁李民表等所首漕斛一張移京粮廳較騐於祖制加二五之外每斛多米一升八合是每石多米三升六合經紀張元所起本年漕米共一千八百三十石已侵收過六十五石八斗八升矣侵收多則正米愈欠此真漕中之大蠹臣奸也追賍律遣夫有何辭

若委官寇臣魏絓先舍人沈文禮張德皆奉票搜回空之船者乃藉口留难每船必索艮一两方許開行此作弊之有確據者審每两委官淂其三舍人淂其七自十五年八月起坐粮廳印給回空票一百五十張官役發過六十張繳還九十張科計六十两之賍相應分别徒懲至大河衛旗甲趙之祥告内有韓仲金察其人已物故今解審者乃新頂名役之李國泰應免其究擬

一件恭報閩虜收拾等事

審得繆承祖係高郵衛隨幫百户與領幫指揮畢懋忠領兊崑山縣米麥在於四月間乃歷経七閱月方抵津門以其延玩若此則所耗費可知及畢懋忠報稱閏十一月初五日被虜焚船而承祖遂踵襲之亦報焚船於初七日今廻漕霍御史察初七日二更虜已走盡安所得焚船之事乎其為借名抵塞不問可知伏奉 聖旨以焚燬船粮着各照数賠補此是户部之責即承祖所報一船失米六百八十二石五斗又踏沉民剝船二隻失米麥三百五十石亦應聽户部追賠但其妄報之罪合先遵旨究擬例稱漕運官軍自度粮米短少將船故失漂流乘机侵

匿不分贓數多廿俱發邊衛永遠充軍夫詐為契攫與詐為

漂流厥罪雖均所應照例邊遣以儆頑並者也

刻之

一件欽遵　聖諭自請外轉以信明綸以肅臺規事

竊惟量能授官　朝廷之辨材已審陳力就列臣子之自知宜明頃

者奉有今後科道官除資深勞著特陞京堂外其餘着酌量才

品陞授監司不許仍設年例正閏等項名色之　聖諭仰見

聖明磨勵臣工先資敭歷與以展布之地不阻優崇之階澄叙

流品即所以長養人才　睿慮至深至遠職庇隹忝視首篆倍

當仰遵況職纖資雖深實俸尚淺勞無尺寸罪有多端即使

計典告竣原不敢妄冀内陞以貽維鵜代檀之誚而具有樸衷

謁其駑力尚欲於一方屏翰稍效驅馳向來外轉者多藉評論

推敲覺於人品有碍在職自行陳請知非清議所不容豈復有

懷厭薄自此内外之見盡泯大家可以恪共職業天報 聖恩
矣今堂臺振肅臺規以獎恬抑躁為首務當此營競成風有一
自請外轉之御史或亦於臺規有少裨也伏乞俯允咨部施行
可勝懇切之至須至呈者

副憲張 批

該道持斧江南澄清振肅數十年所無請假藏脩彌徵靜澹奉
旨掌道關閿厲騎中不避艱險尤人情所難正資領袖臺班激
揚計吏回奉 聖諭内外兼轉首請出歷監司真可謂知有
君父不知有功名可以愧熱中清秩薄視外藩者矣該廳傳
示各道仍存案至資深勞著特陞京堂 明旨昭然想無

有先該道者也俟正堂到日裁奪

刻

一件遵諭再請外轉事

焒濫職庖倖賦才既庸所學甚淺三年草土五載田間荷

恩命而勉未覺迂愚之益甚既已叨居言路進無補裨於廟

堂乃思轉任監司退或驅馳於疆土況　聖諭倍為嚴重在省

篆尤宜凜遵今　計典未能舉行於職掌更多曠廢此職所以

再披微悃款遂初心者也再焒銓政為奉行之始恐有多求臺

班值缺乏之時未堪屢擯在職一身當方新之　功令庶免諸

員遭此日之推敲任事不至灰心當官得以勉力是則遵行

諭旨亦以少裨衙門矣伏乞本院俯裁可勝懇切之至須至呈者

僉憲毛　批

該道清標卓品亮節鴻猷雖范韓可借長城而淮揚難卧長孺

立業吟風譽競

刻

一件奉　命掌道計典告竣乞差自效伏祈　俯允以明職守事

炤得職庬隹於壬申年四月内入臺班癸酉夏廵按蘇松等處甲戌冬復　命即於乙亥春請告回籍歷俸止有三年計差止有一次里居八載昨夏守制服闋不意前院以佐察需人具疏　題補掌道職冒險前來矢心任事今　計典幸已告竣矣自惟俸淺差少不可與往年掌道佐察差足俸深者比前是兩番具呈請遵　聖諭外轉未蒙　賜允今合再乞一差更歷實俸以圖尺寸之豎循分明職出自微悃伏乞本院俯

鑒施行

一件再懇俯賜改委道印事

竊炤向來内外二計事竣之後印務例即交代職前於四月十九日具呈蒙憲批仍令帯管今又一月餘矣抱病不支已經另呈乞假外衙門諸事誠恐因而廢閣且職已蒙本院註題南京織刷卷差閶命即當就道所有河南福建二道印務再行循例懇乞俯賜改委庶公務不悮而臺規可矣

一件會推在邇印務未定伏乞堂臺速賜揍管以振臺規

事

職彪佳因　計典告竣題差候　旨且抱病日深兩呈且辭蒙賜准更

替郎將河南福建二道印信封貯經歷司訖今應署臺員尚在推

議懸曠日久接邸報見兵科都給事中曾應遴一本奉推貳着

會推來用之　旨是掌道預有其責兼之他務駢集此印未宜

久懸伏乞俯批經歷司速議暫署一員早煩堂劄以便科理庶公

務不悞而臺規亦振矣須至呈者

遠山堂抄本

一件瀝陳辭印乞差之緣繇仰乞俯賜鑒原仍容辭免印
務以便候　旨奉差事
竊炤職庬隹於壬申年四月內考選臺班巡按蘇松事竣旋於
乙亥四月內請告回籍迨去年奉　命掌道十二月內受事計
歷實俸止三年六個月奉差止有一次不可與向來掌道佐察
俸深差多者比是以恪遵臺規乞差自效冢題　南畿刷卷方
在候　旨而宿疾舉發委頓难堪乃援前此內外兩計事完交
代之例再具堂呈乞辭印務且令僉堂以註差回奏堂屬一體
職亦誼當引罷投劾茲奉堂劄道印仍令職掌不勝慚惧交迫
竊以計事告竣題註外差則於例宜辭病軀舊憒致累僉堂

則於誼宜辭因之求釋仔肩非敢偷安自便伏乞堂臺俯賜鑒
原憲批經歷司會同五掌道公議相委應署仍容職炤舊辭免庶
公務不致廢閣而臺綱有裨振肅矣為此具呈須至呈者

一件掌篆久完　計典題差已奉　簡書懇辞印務以俟
處分事
切炤職以菲材蒙　恩起補掌篆冐喰入都於本年四月内
計典告竣例得交代時又抱病況用蒙僉堂准辞印務俟　命
月餘迫後遵奉院劄料理　欽件又已一月前題南京鐵刷卷
差奉有　俞旨即當就道昨二十四日恭承　聖諭以言官失
叅二輔着部院察處職忝司首篆先應罷斥以待罪之身斷不
敢考核諸御史所有原掌河南福建二道印務伏乞立賜改委
施行為此具呈須至呈者

遠山堂抄本

[illegible]行[illegible][illegible]并呈須至呈者

[illegible]奉欽[illegible]御史府[illegible][illegible]河南[illegible][illegible]三道印務移文已奉[illegible][illegible]

[illegible]三輔[illegible]部院察[illegible]職本[illegible][illegible][illegible]奏[illegible]以[illegible][illegible][illegible][illegible]

[illegible]本旨 俞[illegible][illegible][illegible]就近[illegible]十四日奉文 [illegible][illegible][illegible]

自[illegible][illegible][illegible]奉[illegible][illegible]科[illegible] 欽[illegible]六[illegible]一且[illegible][illegible][illegible][illegible][illegible]

計典[illegible][illegible][illegible][illegible][illegible]大[illegible][illegible][illegible][illegible][illegible][illegible][illegible][illegible][illegible][illegible]

[illegible][illegible][illegible][illegible][illegible] 恩[illegible][illegible][illegible][illegible][illegible]入[illegible][illegible]本十四日[illegible]

[illegible]夕書

一件[illegible][illegible][illegible][illegible] 計典[illegible][illegible][illegible]事 [illegible][illegible][illegible][illegible][illegible][illegible][illegible]

一件浙省議增營兵事

炤得邇來流寇猖獗蹂躪楚中迫近江右浙省已有震隣之恐撫臺董公祖議增兵三千請留練餉四萬誠綢繆先着也以東西兩浙之遼濶增兵三千猶存乎見少而留餉一節當此京都匱乏之時恐不可得察向年撫臺喻公祖申飭鄉兵令各邑每里長養鄉兵一名每歲粮餉衣甲之需約十六金此兵不隸營伍操練但在城中供庫獄守宿與官府迎送之用甚且有以之行票拘人一呼群集大為百姓之害他日地方有事曾不得其一臂之力可惜也夫里長一名其田畝之多寡不同鄉紳有以數千畝當一里小民有以數十畝當一里以數十畝之里長與

數千畝之里長各養鄉兵一名不均之嘆孰甚焉誠以所在多
事兵不可少䇿若計一邑之里若干應養兵若干歲科粮餉衣甲
之需若干均攤於田畝官徵官發充營兵之實去鄉兵之名各
邑縣官分練之府則捕盜廳官與參允合練之而統之於各道
籍其數於撫軍或分防各邑或合防要害呼應提挈當無不如
意此非化無用為有用乎或曰派之田畝是加派矣且一派之
後恐不可減獨不思里長之供需非出於田畝乎何必以其名
而諱之況此則均彼則偏其為桑梓之計知無吝於樂需也倘
得海内晏安防守可以不設何難舉派額盡減之耶倘如此議
以山陰一縣計之便得二百八名之兵合計一省當不下萬餘

之兵亦足稍壯先聲矣。更有為越郡計者，越郡城向有左營領兵目任劄者，係守道之街，故以此兵遥屬巡海道設越一旦有事，將請兵於數百里外，誠恐事机無及，合以此兵竟屬守道，各護地方，庶緩急足資也。謹議

掌河南道監察御史祁彪佳舉

堪任浙江巡撫一員

吴履中

堪任杭嚴兵備道一員

黄鳴俊

本官端凝練達士民皈仰應還旧任係屬人心

堪任金衢巡道一員

夏尚絅

本官向居此官曾一疏免南粮之本色兩次勦披猖之山

寇大有造於三衢

遠山堂抄本

堪任紹興府同知一員

盛廣

見任陝西徽州知州刑科光掌科薦

陳以運

見任新淦知縣

工科都汪掌科薦